关中地区
乡村建设绩效评估及可持续发展模式研究

杨欢 张沛 著

中国建筑工业出版社

图书在版编目（CIP）数据

关中地区乡村建设绩效评估及可持续发展模式研究 / 杨欢，张沛著 . —北京：中国建筑工业出版社，2021.6
ISBN 978-7-112-26134-5

Ⅰ.①关⋯ Ⅱ.①杨⋯ ②张⋯ Ⅲ.①城乡建设—研究—陕西 Ⅳ.①F299.274.1

中国版本图书馆 CIP 数据核字（2021）第 082024 号

本书首先对关中地区乡村建设的现状特征和主要经验进行了总结，同时对其建设的综合绩效进行了评估。其次，立足城乡规划学，分析制约关中地区乡村建设绩效的主要因素，反思当前关中地区乡村规划技术体系存在的不足。融入可持续发展理念，构建关中地区"地方模式+类型模式"的双层叠加组合的适宜模式体系。从体系结构、内容框架、技术方法和制度保障等方面入手，对乡村规划技术体系进行优化和完善。最后，选择实证案例对关中地区乡村高质量发展的四大类型模式进行验证，确保模式的可行性和实效性。

本书可供广大城乡规划工作者、有关专业师生以及新农村建设工作者参考。

责任编辑：许顺法　陆新之
责任校对：姜小莲

关中地区乡村建设绩效评估及可持续发展模式研究
杨欢　张沛　著

*

中国建筑工业出版社出版、发行（北京海淀三里河路9号）
各地新华书店、建筑书店经销
逸品书装设计制版
北京建筑工业印刷厂印刷

*

开本：787毫米×1092毫米　1/16　印张：12¼　字数：219千字
2021年7月第一版　2021年7月第一次印刷
定价：**60.00**元
ISBN 978-7-112-26134-5
（37588）

版权所有　翻印必究
如有印装质量问题，可寄本社图书出版中心退换
（邮政编码 100037）

前言
PREFACE

乡村建设绩效评估是地方政府优化资源配置的前提,是科学制定乡村振兴战略的基础,是实现乡村高质量发展的必要环节。自2005年以来,我国相继开展新农村建设、"拆村并点"、新型农村社区和美丽乡村等实践工程。经过10余年的建设,我国乡村可持续发展仍面临城乡差距明显、建设用地低效、公共设施非均衡、扶贫脱困难度大、内生动力不足和地域风貌流失等诸多问题。关中地区积极响应中央号召,向乡村地区投入了大量的人力、资金、设施和技术,然而其乡村可持续发展形势依然严峻。在这种背景下,有必要对关中地区乡村建设绩效进行评估,反思其存在的问题和不足,及时调整乡村建设的战略路线和推进方向,最终实现关中地区乡村高质量发展。

全书共分为八个章节,整体按照"建设实态认知——综合绩效评估——制约因素挖掘——适宜模式构建——规划技术创新——典型实证案例"的逻辑思路展开。首先,从产业经济、社会发展、空间利用、设施配套和人居环境等维度对关中地区乡村建设的现状特征和主要经验进行总结。同时采用对比分析、数据包络分析模型、问卷调查和统计分析等方法,从过程事实一致性、建设实施绩效和农民主体满意度等三方面入手对关中地区乡村建设的综合绩效进行评估。其次,透过现象看本质,立足城乡规划学,分析制约关中地区乡村建设绩效的主要因素,反思当前关中地区乡村规划技术体系存在的不足。再次,融入可持续发展理念,构筑以"多产融合、内源驱动""因地适宜、集约高效""均衡共享、幸福宜居""绿色安全、和谐共生"为核心的多维目标价值导向。遵循"时空差异性、空间尺度性、操作可行性"的原则,构建关中地区

"地方模式+类型模式"的双层叠加组合适宜模式体系。之后，立足城乡规划学，从体系结构、内容框架、技术方法和制度保障等方面入手，对乡村规划技术体系进行优化和完善。最后，选择实证案例对关中地区乡村高质量发展的四大类型模式进行验证，确保模式的可行性和实效性。

本书的顺利出版得益于师长和亲友的鼓励和支持，在此感谢张沛教授和张中华教授的教诲，感谢向远林、蔡春杰、田珊珊、杨甜和黄清明等博士生和研究生给予的帮助。感谢在实际调研和资料收集过程中给予帮助的各行政部门、村委会和群众。鉴于作者水平有限，疏漏之处在所难免，欢迎各位读者批评指正。

目录
CONTENTS

第一章 导 论 / 001
  1.1 缘起及研究背景 / 002
    1.1.1 城乡一体化发展任重道远 / 002
    1.1.2 乡村建设已迈入关键时期 / 003
    1.1.3 乡村可持续发展形势严峻 / 003
  1.2 研究目的及意义 / 004
    1.2.1 研究目的 / 004
    1.2.2 研究意义 / 004
  1.3 研究对象及方法 / 005
    1.3.1 研究对象 / 005
    1.3.2 研究方法 / 006
  1.4 研究内容及框架 / 007
    1.4.1 研究内容 / 007
    1.4.2 技术框架 / 008

第二章 关中地区乡村建设的实态特征认知 / 011
  2.1 发展阶段梳理 / 012
    2.1.1 试点示范阶段（2005～2010年） / 014
    2.1.2 推广建设阶段（2011～2014年） / 014
    2.1.3 全面提升阶段（2015年至今） / 015
  2.2 建设实态分析 / 015
    2.2.1 产业经济维度 / 016

2.2.2 社会发展维度 / 022

2.2.3 空间利用维度 / 025

2.2.4 公共设施维度 / 036

2.2.5 人居环境维度 / 046

2.3 主要建设经验 / 047

2.3.1 以点带面、典型示范、逐步推广 / 047

2.3.2 以设施配套和环境整治为切入点 / 047

2.3.3 政府主导、规划先行、互促发展 / 048

2.4 本章小结 / 048

第三章 关中地区乡村建设的综合绩效评估 / 051

3.1 评估框架构建 / 052

3.1.1 现行绩效评估体系的反思 / 052

3.1.2 综合绩效评估的框架优化 / 053

3.2 绩效水平测算 / 054

3.2.1 过程事实一致性评估 / 054

3.2.2 建设实施绩效的评估 / 056

3.2.3 农民主体满意度评估 / 067

3.3 绩效评估结果 / 069

3.3.1 综合绩效不甚理想 / 069

3.3.2 投入产出结构失衡 / 070

3.3.3 空间差异特征明显 / 072

3.4 本章小结 / 072

第四章 关中地区乡村建设绩效的制约因素分析 / 073

4.1 影响机制阐述 / 075

4.2 外部因素分析 / 077

4.2.1 财政实力薄弱 / 077

4.2.2 资源投入偏差 / 078

4.2.3 管理行为不当 / 078

4.3 内部因素检讨 / 079
  4.3.1 村庄自治能力较弱 / 079
  4.3.2 人力资源质量欠佳 / 080
  4.3.3 农民主体意识缺失 / 080
  4.3.4 现状基础相对薄弱 / 081
4.4 规划技术反思 / 081
  4.4.1 发展价值导向偏颇 / 082
  4.4.2 发展模式同质模仿 / 083
  4.4.3 编制内容质量欠佳 / 084
  4.4.4 规划实施有待增强 / 085
4.5 本章小结 / 086

第五章 关中地区乡村可持续发展的适宜模式建构 / 087

5.1 理论内涵认知 / 088
  5.1.1 概念阐述 / 088
  5.1.2 要素解构 / 089
5.2 目标价值体系 / 091
  5.2.1 先进理念借鉴 / 091
  5.2.2 目标价值导向 / 094
5.3 建构思路及原则 / 095
  5.3.1 核心思路 / 095
  5.3.2 主要原则 / 097
5.4 适宜模式构建 / 097
  5.4.1 地方模式 / 098
  5.4.2 类型模式 / 114
5.5 本章小结 / 123

第六章 关中地区乡村可持续发展的规划技术创新 / 125

6.1 规划体系结构调整 / 128
  6.1.1 纵向层次体系 / 128

  6.1.2 横向类型体系 / 129
  6.1.3 阶段过程体系 / 130
 6.2 编制内容框架优化 / 131
  6.2.1 增加村庄农民行为特征和意愿分析 / 131
  6.2.2 增加对生产空间和生态空间的引导 / 131
  6.2.3 增加风貌营造和文化传承相关内容 / 132
  6.2.4 回归乡土，重塑村庄社会交往空间 / 132
 6.3 核心规划方法创新 / 133
  6.3.1 乡村人口外流导向下规模预测方法 / 133
  6.3.2 生态宜居导向下村庄空间利用方式 / 134
  6.3.3 精明增长导向下公共服务设施配置 / 134
  6.3.4 自下而上农民主体参与式规划方法 / 135
 6.4 相关保障策略完善 / 136
  6.4.1 全面推进驻村/镇规划师制度 / 136
  6.4.2 实施规划评估动态监测体系 / 137
  6.4.3 设立村庄规划编制专项资金 / 138
  6.4.4 搭建乡村规划数据共享平台 / 138
 6.5 本章小结 / 139

第七章 关中地区乡村可持续发展的实证案例研究 / 141
 7.1 村庄产业经济建设及可持续发展实证研究 / 142
  7.1.1 村庄基本情况 / 142
  7.1.2 产业现状特征 / 146
  7.1.3 产业体系构建 / 147
  7.1.4 产业空间布局 / 149
  7.1.5 相关支撑体系 / 150
 7.2 村庄土地资源利用及可持续发展实证研究 / 151
  7.2.1 村庄现状概况 / 152
  7.2.2 主要问题剖析 / 154
  7.2.3 土地整合模式 / 155

7.3 村庄公共设施配套及可持续发展实证研究　　/ 162
　　7.3.1 村庄基本情况　/ 162
　　7.3.2 设施现状特征　/ 163
　　7.3.3 公共设施配置　/ 165
7.4 村庄人居环境提升及可持续发展实证研究　　/ 167
　　7.4.1 村庄实态认知　/ 167
　　7.4.2 主要问题剖析　/ 172
　　7.4.3 人居环境提升　/ 174

第八章　贡献与展望　/ 179
　　8.1 主要贡献　/ 180
　　8.2 不足及展望　/ 181

参考文献　/ 182

第一章

导 论

1.1 缘起及研究背景

自2005年起,我国陆续提出"新农村建设"、"新型农村社区"、"美丽乡村"、"乡村振兴"和"乡村高质量发展"等战略政策,旨为推进我国乡村规划建设的可持续发展。为响应国家目标,陕西省积极出台《陕西省农村村庄规划建设条例》(2005年)、《关于开展"千村百镇"建设整治活动》(2006年)、《陕西省31个重点示范镇镇域农村社区布局规划及典型社区规划设计汇编》(2012年)、《陕西省美丽乡村建设规范》(2016年)等政策文件,用于规范和引导陕西乡村地区的规划建设。作为陕西省城乡发展的领头兵,关中地区在乡村环境整治、设施配套和产业发展等环节投入了大量的人力、资金、设施、技术等。那么,经过10余年的建设和发展,有必要对地方政府是否实现了预期的目标,资源投入是否取得了预期的产出,乡村问题是否得到了有效的缓解、乡村高质量仍面临哪些"卡脖子"环节等议题进行总结。总结成熟的先进经验,反思关中地区乡村建设存在的问题,及时调整乡村建设的主要思路和内容方向,确保关中地区乡村建设的可持续性。

1.1.1 城乡一体化发展任重道远

改革开放以来,捆绑在农村土地上的农民被逐步"释放",农村剩余劳动力不断向城市流动,城镇化进程不断加速。伴随着城镇化水平的持续增高,城镇化的质量却未能同步发展,城乡差距依旧较大,城乡矛盾依然比较突出。据统计,2009年我国城乡居民收入比为3.33:1,自2010年起城乡收入比呈缩小趋势,2014年缩少至2.92:1,但该数值仍超过了绝大部分发展中国家。根据经验,基尼系数突破0.4的警戒线时,由于贫富差距过大,部分发展中国家将出现经济增长停滞、社会矛盾突出等问题,发生所谓的"拉美陷阱"。当前我国社会基尼系数已达到0.45,而且呈持续上升的趋势,城乡差距明显,城乡统筹发展任重道远。在此背景下,乡村建设以"产业兴旺、生态宜居、乡风文明、治理有效、生活富裕"为突破口,旨在优化人居生存环境、提升农民生活质量、缩小城乡差距，最终实现城乡一体化发展。

1.1.2 乡村建设已迈入关键时期

关中地区各市县积极开展新农村建设规划、居民点体系规划、村庄布局规划、新型农村社区规划、美丽乡村规划等。农村道路硬化、环境卫生、活动广场、医疗卫生等设施配套得到明显改善，农民住房条件和人居环境得到显著提升。当前，乡村建设已迈入历史新阶段，以往侧重物质空间改造的建设思路已不满足新时期乡村可持续发展的诉求，建设思路有待转变，建设内容有待完善，建设方向有待调整。今后，关中地区乡村建设应按照物质环境空间与文化精神风貌兼顾的原则，重视村庄风貌趋同、设施使用低效、人文关怀冷漠、民主管理缺位等新问题。

1.1.3 乡村可持续发展形势严峻

面临土地集约利用、公共设施配套、村容村貌整洁、农田面源污染、人畜安全、饮水安全等诸多挑战，我国陆续出台《农村环境连片整治技术指南》、《农村饮用水水源地环境保护技术指南》和《村镇生活污染防治最佳可行技术指南》、"关于改善农村人居环境的指导意见"（国办发〔2014〕25号）等政策技术文件，为改善和提升农村人居环境提供支撑和指导。但从现实效果来看，农村人口、社会、经济、资源和生态可持续发展仍然面临严峻的挑战。（1）农村生态环境质量趋于退化，土壤污染日益严重，水污染日益突出，各地不断出现"癌症村"，直接危害到农民的生命安全。乡村企业的粗放发展，导致城镇污染向农村转移，加剧水资源短缺、空气和水源污染[1]。此外化肥、农药、农膜等高污染及难降解物质的大量使用，农业已经成为我国最大的面源污染产业，农村生态格局遭到破坏。（2）随着城镇化的推进，空心村和老龄化等现象日益加剧，中青年劳动力大量外流，农村发展面临人才短缺的窘境。（3）村庄建设滞后，村巷格局杂乱无序，村落空间布局分散，造成土地资源的极大浪费。人居环境较恶劣，沟边、河边、村头等边角地带固体垃圾随处可见，直接影响了村容村貌。（4）精神文化建设相对滞后，生活方式单一、休闲游憩活动缺乏，春节变赌节等社会问题突出。总的来说，我国乡村发展中的不可持续性风险逐步加大，乡村可持续发展形势依然严峻。

1.2 研究目的及意义

1.2.1 研究目的

（1）现实检讨，绩效评估

笔者深入乡村基层，采用实地考察、问卷调查、入户访谈等方法对关中地区乡村建设进行调研，摸清关中地区乡村建设的现状。在此基础上采用定量和定性相结合的方法对关中地区乡村建设的综合绩效进行测算，评判建设的实施效果，剖析乡村建设过程中存在的典型问题，挖掘其现实根源，为提高关中地区乡村建设成效奠定基础。

（2）价值审视，模式演绎

在现实问题检讨和传统观念审视的基础上，本书融入消费主义、城乡统筹、三生协调、共享公平等理念，搭建新时期乡村可持续发展的价值体系。并以此为基础，按照"典型区域划分——制约因素审视——关键矛盾诊断——模式归纳演绎"的逻辑思路，归纳演绎适宜关中地区乡村可持续发展的地方模式。

（3）路径推进，持续发展

在乡村可持续发展模式的引导下，以产业经济发展、空间整合优化、公共设施配套和人居环境提升为突破口，提炼关中地区乡村可持续发展的关键推动路径。并从规划技术体系创新、新型农民主体培育、基层政府行为矫正和关键制度环境创导等四方面入手提出相应优化策略，破除制约关中地区乡村建设的障碍因素，加快乡村可持续发展。

1.2.2 研究意义

（1）理论意义——完善现代乡村规划体系薄弱环节

进入20世纪中后期以来，由于我国城乡规划领域长期存在重城轻乡的现象，导致城市规划理论成果较为丰富而乡村规划研究略为滞后。一直以来，乡村地区被看作是城市发展的腹地和资源供给区，独立于城市而存在。大量研究针对城市而展开，忽略乡村的重要作用，以至于我国现代乡村规划理论体系与国际水平相比有较大差距。目前，国内关于乡村建设绩效评估的框架体系尚不健全，乡村可持续发展模式的指导性和实效性欠佳。从研究成果的地域分布来看，多数集中在东部地区或者经济较为发达地区，对地形条件复杂、多民族共存、经济较为落后的西部地区研究较少。因此，本书立足关中地区，对其乡村建设绩效和可持续发展模式进行研究，对丰富现代乡村建设理论体系具有较高价值。

（2）实践意义——为西部乡村可持续发展提供借鉴

乡村建设是当前国内较为关注的内容，各省（市、区）积极贯彻落实国家的相关政策和战略，积累了大量的实践经验。然而我国幅员辽阔，不同乡村地域其自然基底、制约因素、主要矛盾和发展特征等存在差异，相应的乡村可持续发展模式差异也较明显。中东部地区乡村可持续发展的先进经验对西部欠发达地区的实际指导和借鉴价值有限。

从实践意义来看，本书具有两方面的价值。首先，按照"三个面向，理论务农"[2]的学术理念，对关中地区乡村建设绩效进行评估，有效掌握其现状特征和典型问题，为下一步乡村建设内容调整和方向转变提供依据。地方模式对关中地区乡村可持续发展具有明显的指导和推动作用，为关中地区及陕西省制定乡村发展政策提供理论依据。其次，关中地区地处西部欠发达地区，具有西部乡村地域的共性特征和普遍问题，因此研究关中地区乡村可持续发展模式对西部其他地区具有较好的参考借鉴价值，有利于推动我国西部地区城乡一体化发展进程。

1.3 研究对象及方法

1.3.1 研究对象

关中地区又称关中平原，是由渭河冲积而形成的。西起宝鸡，东至潼关，南接秦岭，北至黄龙山子午岭。总面积约为5.5万平方公里，西窄东宽，东西长约420公里，南北宽约120公里，号称"八百里秦川"。位于陕西省中部，包括西安市、咸阳市、铜川市、宝鸡市、渭南市和杨陵区。从空间区位来看，关中地区隶属我国西部地区，面临生态环境较为脆弱、经济水平较为落后、产业发展有待提升等问题。从交通区位来看，关中地区是我国西部地区重要的交通枢纽，是亚欧大陆桥的重要支点，西连兰州、乌鲁木齐、青海等地，东接郑州、上海、北京等地。从经济区位来看，关中地区作为关中城镇群的重要载体，是西部地区经济发展的主要阵地，对协调我国区域发展具有重要的作用（图1-1）。

本研究聚焦关中地区广阔的乡村地域，因此需清晰界定研究对象的地域边界。

1999年国家统计局发布《关于统计上划分城乡的规定（试行）》，明确指出乡村地区指城镇和集镇之外的地域单元。张小林阐述乡村地区是以农业生产为主体的地域，从事农业生产的人就是农民，以农业生产为主的劳动人民聚居的场所就是农村聚落[3]。也有学者认为农村是以农业生产为主的人集聚的地方，具有与城镇不同的景观形态[4]。结合此次研究内容及目的，本书认为乡村地区是以农业生产和农村聚落为主体的地域单元，是城镇之外的空间范畴。

图1-1　关中地区行政区划图

1.3.2　研究方法

（1）实际调查法

为了解关中地区乡村建设的实态特征，笔者采用实地考察法、入户访谈法、部门座谈法、问卷调查法等对关中地区乡村产业经济、社会发展、空间利用、设施配套、人居环境等进行全面考察，掌握乡村建设的第一手资料。同时通过问卷发放和入户访谈等方式分析农民主体对以往乡村建设的认知和满意度情况，了解农民眼中

"乡村建设"的内涵。

(2) 经验借鉴法

我国乡村可持续发展理念产生于20世纪末,与发达国家具有明显差距。关中地处我国西部欠发达地区,乡村建设步伐及其可持续发展滞后于中东部先发地区。因此本书在研究过程中吸收并借鉴西方和我国东部地区乡村建设的先进理念和做法,为关中地区乡村可持续发展提供思路。

(3) 数理分析法

本书采用定性和定量分析相结合的方法,在关中地区乡村建设实态调研认知的基础上,采用数据包络分析模型、对比分析法、线性回归法、空间统计分析法等对关中地区乡村建设综合绩效进行评估,测算关中地区乡村建设水平并划分乡村地域类型,为构建关中地区乡村可持续发展的地方模式奠定基础。

(4) 归纳演绎法

在乡村可持续发展模式构建时,按照"类型划分——问题审视——模式演绎"的建构方法,对关中地区乡村地域和村庄类型进行划分。审视各个乡村地域类型或村庄的核心问题,之后紧扣关键矛盾归纳演绎适宜不同乡村地域类型或村庄的可持续发展模式。

1.4 研究内容及框架

1.4.1 研究内容

本研究将围绕"关中地区乡村建设的实态特征及绩效水平是什么(what)?关中地区乡村建设为什么(why)呈现这样的特征?关中地区应该怎么办(how)以实现乡村可持续发展"这三大科学性命题展开。一是分析关中地区乡村建设的实态特征和绩效水平。二是探讨影响乡村建设综合绩效的潜在原因,反思检讨关中地区乡村建设存在的问题及不足。三是探索乡村可持续发展模式的建构方法,立足城乡规划学,优化现有乡村规划技术体系,为可持续发展提供技术支撑。

(1) 对关中地区乡村建设体系进行多维度解析,探索乡村建设综合绩效的评估框架及测算方法,回答"是什么"的科学命题。

采用实际考察法、入户访谈法、问卷调查法、数理统计法、空间统计法等定性与定量方法,从产业经济、社会发展、空间利用、设施配套和人居环境五大维度入手，详细阐述关中地区乡村建设的实态特征。之后，在反思现行乡村建设绩效评估体系的基础上，试图构建以过程事实一致性、建设实施绩效和农民主体满意度为主的乡村建设综合绩效评估框架。并以关中地区为实证对象，测算关中地区乡村建设的综合绩效水平，并阐述其结果特征。

（2）全面检讨制约关中地区乡村建设综合绩效的潜在因素，反思其新农村建设存在的典型问题，回答"为什么"的科学命题。

乡村建设综合绩效受管理方式、技术革新、政策体制、建设主体、规划方法等多种因素的共同作用。本研究首先阐述乡村建设绩效的因子影响机制，之后结合关中地区实际情况，拟从乡村建设的外部环境、内部环境和规划媒介三方面入手，探讨制约关中地区乡村建设综合绩效的主要原因。反思关中地区乡村建设存在的典型问题，为后文乡村可持续发展模式构建提供依据和思路，为规划技术体系优化创新指明方向。

（3）探讨乡村可持续发展模式的建构方法，构建适宜关中地区的乡村可持续发展模式，优化完善现行规划技术体系，回答"怎么办"的科学命题。

在反思关中地区乡村建设现行模式的基础上，借鉴发达国家乡村可持续发展的先进理念，制定关中地区乡村可持续发展的目标价值体系。通过演绎归纳提出以"类型划分——问题审视——模式演绎"为主线的乡村可持续发展建构方法。结合关中地区乡村发展特征，遵循差异化指导、空间尺度性和操作可行性的原则，探索适宜关中地区乡村可持续发展的双层叠加模式体系。同时针对现行规划技术体系存在的问题，从体系结构、编制框架、规划方法和标准文件、保障措施等方面入手为关中地区乡村可持续发展提供技术支撑。

1.4.2 技术框架

本书的研究技术框架见图1-2。

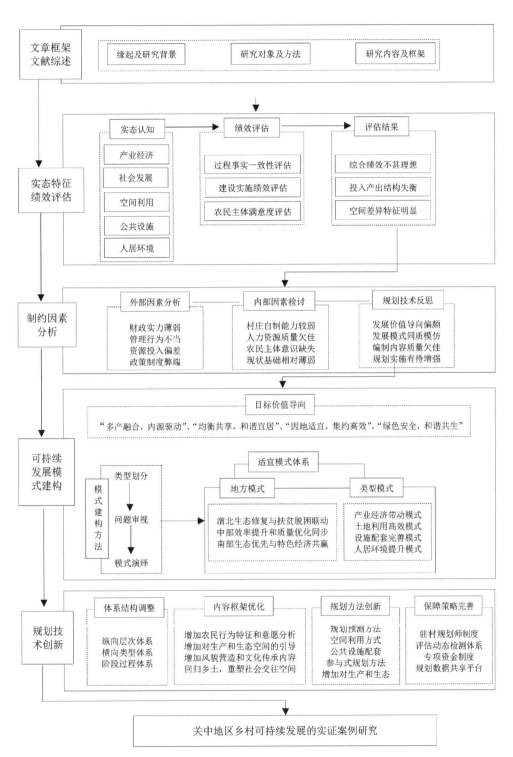

图1-2 研究技术框架图

第二章

关中地区乡村建设的实态特征认知

本章首先对关中地区乡村建设的脉络演变进行阐述，之后采用实地考察、问卷调查、入户访谈和统计分析等方法，从产业经济、社会发展、空间利用、公共设施和人居环境五大维度入手，对关中地区乡村建设实态进行系统认知。在此基础上，提炼整理关中地区乡村建设的主要实践经验，肯定其取得的成就。

2.1 发展阶段梳理

2005年党的十六届三中全会提出"生产发展、生活宽裕、乡风文明、村容整洁、管理民主"的新农村建设战略，陕西省积极响应并出台了一系列政策文件指导各地区开展新农村建设工作。2005年12月《陕西省农村村庄规划建设条例》出台，以此为依据各地区村庄规划的编制工作拉开帷幕。2006年1月陕西省转发了国务院《关于开展"千村百镇"建设整治活动》的通知，明确农村整治内容，要求增强示范带动作用。2007年3月下发《关于进一步加强县域村庄布局规划编制工作的通知》，要求2007年底各地区高标准完成编制任务，为新农村健康协调发展奠定科学基础。2014年5月省政府出台《关于全面改善村庄人居环境持续推进美丽乡村建设的意见》，以"留住美丽乡愁"为目标，逐步开展美丽乡村建设工作。2015年12月发布《美丽乡村建设规范》，为全省美丽乡村建设提供技术支撑。通过政策脉络的梳理，清晰地发现关中地区乡村建设经历了"以行政村为核心的村庄环境整治、以新型农村社区为抓手的设施均衡配置、以美丽乡村建设为导向的整体实力提升"三大发展阶段，建设思路从最先的试点先行、连片推进逐步向经验推广和全面提升转变（表2-1、表2-2）。

关中地区乡村建设相关政策和举措一览表　　　　表2-1

阶段	名称	公布时间	单位
第一阶段	通过《陕西省农村村庄规划建设条例》	2005年12月	陕西省
	《关于开展"千村百镇"建设整治活动》的通知	2006年1月	陕西省
	《西安市建设社会主义新农村发展纲要（试行）》	2006年3月	西安市

续表

阶段	名称	公布时间	单位
第一阶段	《咸阳市建设社会主义新农村建设规划》	2006年	咸阳市
	《西安市支持社会主义新农村建设的若干政策》	2006年10月	西安市
	西安市"千村规划、百村创优、十村示范"	2006年底	西安市
	《陕西省实施一村一品千村示范万村推进工程规划》颁布	2007年1月	陕西省
	"农家书屋建设工程"	2007年	陕西省
	《关于进一步加强县域村庄布局规划编制工作的通知》	2007年3月	陕西省
第二阶段	《关于加强全省"千村百镇"建设整治工作的通知》	2011年6月	陕西省
	西安市《关于加快新型农村社区建设的意见》	2011年	西安市
	《宝鸡市农村社区服务中心建设指导意见》	2011年11月	宝鸡市
	《陕西省社区服务体系建设规划（2011—2015年）》	2012年5月	陕西省
	《31个重点示范镇镇域农村社区布局规划及典型社区规划设计汇编》	2012年8月	陕西省
	《西安市加快推进城乡发展一体化三年行动计划（2013—2015）》的通知	2013年5月	西安市
	《关于进一步推进村级组织活动场所建设的实施方案》	2013年5月	渭南市
	"西安市新型农村社区建设实施方案"	2013年7月	西安市
	印发《陕西省新型农村社区建设规划编制技术导则》	2013年9月	陕西省
	编制《陕西省村庄规划编制导则（试行）》	2014年4月	陕西省
	《关于全面改善村庄人居环境持续推进美丽乡村建设的意见》	2014年5月	陕西省
	《关于加快建设农村片区化中心社区的实施意见》	2014年7月	西安市
第三阶段	陕西全面安排部署"美丽乡村·文明家园"建设	2015年2月	陕西省
	《关于全面改善村庄人居环境持续推进美丽乡村建设的实施意见》	2015年3月	铜川市
	《关于加快乡村旅游发展的扶持措施》	2015年	西安市
	《美丽乡村建设规范》发布	2015年12月	陕西省
	西安市改善农村人居环境工作实施方案	2016年	西安市

关中地区乡村建设的阶段划分和特征阐述　　表2-2

发展阶段	发展特征	建设内容	典型代表
试点示范启动阶段（2005～2010年）	以重点村为载体，新农村建设示范点引领发展	开展新农村建设规划编制工作，同时实施"四改五通五化"工程，改善农村基本生活条件	西大村、杜北村、柳家村、井家村、周一村
逐步推广加速阶段（2011～2014年）	以中心村、新型农村社区、农村片区化中心为抓手，推动人口集中安置	完善农村公共服务设施，结合中心社区集中配置警务室、活动大厅和社区医院等，提高设施利用率，减轻政府负担	水寨社区、二龙聚农村片区化中心社区、东樊社区、黑沟社区

续表

发展阶段	发展特征	建设内容	典型代表
全面提升完善阶段（2015年至今）	以美丽乡村为核心，建设"生态美、生活美、产业美、文化美"的诗意田园	在前两个阶段的基础上，构建农村现代化产业体系，加强精神文明建设，保护乡村特色风貌	东韩村、鲍旗寨村、北郭村、平罗村、簸箕掌村

2.1.1 试点示范阶段（2005～2010年）

第一阶段（2005～2010年）为乡村建设的启动阶段，各市区对乡村建设进行摸索，制定地区乡村建设实施方案，明确建设目标、建设思路和实施进度。整体来看，该阶段以环境卫生整治、四改五通五化[①]和编制新农村建设规划为主要内容。2006年西安市率先公布《西安市建设社会主义新农村行动纲要（试行）》，并开展"千村规划、百村创优、十村示范"工程，确定了阎良区农兴村、临潼区下和村、长安区水磨村、高陵县米家崖村和户县东韩村等100个新农村建设示范村，并要求至2010年末完成1000个示范村的建设规划编制工作。随后咸阳市、宝鸡市等围绕重点村纷纷编制新农村建设规划，大力推动农村环境连片整治工程，改善乡村地区道路、给水、排水、电力、照明等设施配套。

2.1.2 推广建设阶段（2011～2014年）

第二阶段（2011～2014年）为乡村建设的加速阶段，该阶段在巩固第一阶段"四改五通五化"成果的基础上，着力推进农村公共服务设施的均等化供给。明显区别于第一阶段，该阶段不再以行政村为配置单元，而以新型农村社区或中心社区为主要载体，集中配套文化活动广场、老年日间照料中心、社区服务中心等设施，有效推动农村片区化发展。2014年西安市率先提出农村片区化中心社区的概念，并出台《关于加快建设农村片区化中心社区的实施意见》，要求按照"六室四配套"的建设标准，在片区中心集中配套社区管理办公室、综合会议室、司法工作室、文化活动室、教育培训室、卫生服务室，以及文化活动广场、幼儿园和学校、养老服务站、公交停靠站设施。片区化设施配套模式能有效改善农村教育、医疗和养老等设施不均衡问

[①] 四改：改水、改厕、改灶、改圈；五通：通电、通油路/水泥路、通电话、通自来水、通有线电视；五化：道路硬化、村庄绿化、路灯亮化、住房优化、环境美化。

题，有效提高农村公共设施的使用效率，同时有效减轻政府的投入成本和财政压力。

2.1.3 全面提升阶段（2015年至今）

2015年以来，关中地区对乡村建设提出了新的要求，在试点示范、重点建设的基础上，全面推进新型农村社区和片区化中心社区的建设，不断巩固乡村建设的成果。前两个阶段重点改善农村环境卫生和公共设施条件，第三阶段以"生态美、生活美、产业美、文化美"为发展目标，以美丽乡村建设为载体，侧重经济和文化精神层面的建设，重点构建农村现代产业体系，拓宽农民收入途径，切实改善农民的生活水平，加快乡村可持续发展进程。第三阶段可以说是关中地区乡村建设的攻坚阶段，实施见效慢且需大量的资金投入，不仅依赖政府自上而下的帮扶，更需要农民主体自下而上的推动。

目前，关中地区逐步开展美丽乡村建设，初步形成了以休闲观光、体验采摘、农耕文化为主导产业的特色村庄，如咸阳袁家村和马嵬驿、蓝田簸箕掌村和鲍旗寨村、宝鸡市河底村和北郭村、渭南市平罗村和尧头村等。这类村庄依托自身优势资源，美化生态环境，配套旅游服务设施，开发农家乐、特色餐饮、文化体验等旅游项目，吸引游客，促进村庄经济发展。同时，关中地区围绕"产业美"初步形成了一批"一村一品"专业村，有些村庄依托国家级和省级现代农业园区形成了产业强村，如礼泉县白村、周至县周一村。此外，该阶段大力推动农村精神文化建设，出现了大量的民俗文化墙，并开展了"好媳妇"、"最美家庭"、"好婆婆"、"好儿女"等系列评选活动，有效弘扬关中地区农村特色文化和精神风貌。

◇◇ 2.2 建设实态分析

乡村建设是一项复杂系统，涉及经济、社会、生态、政治等多元要素。国家层面将其高度概括为"产业兴旺、生态宜居、乡风文明、治理有效、生活富裕"，基本阐述了乡村建设的战略内涵和要素构成。本研究采用实地考察、入户访谈、问卷调查和统计分析等方法，从产业经济、社会发展、空间利用、公共设施和人居环境五大维度出发，对关中地区乡村建设的现实状况进行全面考察和分析（图2-1）。本调研遵循"示范点+一般村"兼顾的原则，按照"区域覆盖——典型类型——代表村庄"的思路，对关中地区若干行政村进行了实地考察，并针对农民随机发放问卷约

600份，回收率为85.83%，基本覆盖各个年龄段和职业。问卷收集结果一定程度上反映了关中地区乡村建设的实际效果以及农民对乡村建设的满意度情况。统计数据来源于《陕西省统计年鉴》、《区域统计年鉴》、《西安市统计年鉴》、《渭南市统计年鉴》、《咸阳市统计年鉴》、《铜川市统计年鉴》、《宝鸡市统计年鉴》以及部分区县国民经济和社会发展统计公报。空间地理数据来源于中科院制作的国家土地利用/覆盖数据库NLUD-C，空间分辨率为30m。利用GIS软件提取关中地区乡村聚落用地边界，并通过目视解译、实地调查及大量辅助数据的应用，确保用地分类精度达到90%以上。

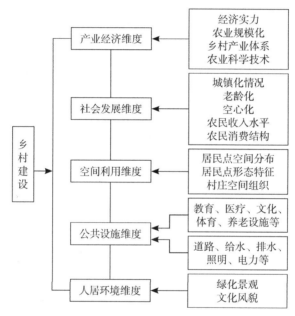

图2-1 乡村建设要素系统的认知框架图

2.2.1 产业经济维度

（1）农业经济实力

关中地区农业总产值从2000年的280.8679亿元增加至2014年的1646.3106亿元，年平均增长率为32%左右，增长幅度较高。从区域层面来看，关中地区农业产值明显高于陕南地区和陕北地区，农业发展较好。在农业生产中，农业和牧业占主导地位，增加值分别占总量的69.4%和23.6%，林业、渔业和农林牧渔服务业比重相对较少。在2010～2014年间，农业、林业、渔业及相关服务业的比重有所增加，而牧业则从23.6%降低至21.9%（图2-2）。

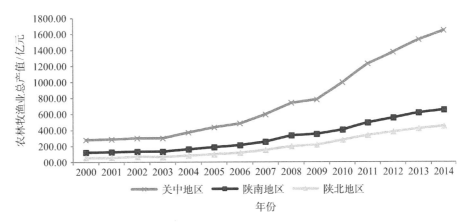

图2-2 关中地区农林牧渔业总产值变动图

从各区县农林牧副渔生产总值的空间分布来看，呈现典型的东高西低特征。周至县、礼泉县、泾阳县、临潼区和大荔县等农林牧副渔产值排名靠前，东部地区太白县和凤县和北部王益区、合阳县和陇县等受自然条件影响，农业生产总值相对靠后（图2-3）。

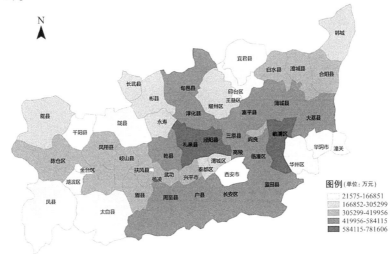

图2-3 关中地区各区县农林牧渔业总产值空间分布图

（2）特色农业格局

关中地区已初步形成了特色农产品种植区，如乾县、礼泉、旬邑、淳化、长武、彬县等渭北苹果产业区，关中环线南段周至、户县等葡萄优质产业区，眉县、杨凌等猕猴桃特色种植区，高陵、阎良、临潼及杨凌等设施蔬菜产业区等。根据地区自然气候和地形地貌等条件，农产品类型较为多样，农业种植功能分区较为明确，差异化发展趋势明显。同时通过调研发现，特色种植区的农民收入高于粮食种植区，农民生产积极性较高，生活水平相对较好（表2-3）。

关中地区调研村庄农作物种植情况（部分） 表2-3

村庄	区/县	主要作物
康桥村	阎良区	基本为香瓜和蔬菜种植，被誉为甜瓜之乡
徐家巷村	长安区	出租土地及外出打工（土地流转大概30%）
西大村	长安区	几乎所有土地被出租，建设生态观光园；外出打工较多
南凿齿村	长安区	小麦玉米，有种蔬菜和养殖的
甘水坊	长安区	猕猴桃、葡萄、小麦玉米
虎峰村	周至县	猕猴桃杂果2000多亩，基本无耕地
周一村	周至县	猕猴桃占3600亩
昌西村	周至县	大部分猕猴桃，能占到90%左右
朱家庄村	周至县	猕猴桃、苗木和小麦各1/3
核桃园村	蓝田县	小麦、玉米、西瓜、大葱，蔬菜占到1000多亩
鲍旗寨村	蓝田县	小麦玉米，核桃占700亩，写生住宿
董岭	蓝田县	基本上全部是核桃种植
张卜村	高陵区	小麦、玉米、苗木花卉
塬后村	高陵区	红薯1000多亩，小麦和玉米
大王村	秦都区	树苗
夏家寨	秦都区	苗木花卉
南留村	兴平市	苹果、桃子、小麦玉米
大通坊村	兴平市	小麦玉米、猕猴桃
吴耳村	兴平市	小麦玉米、大蒜
荆中村	三原县	大棚蔬菜（30%左右），养鸡养鸭，规模不大
寨西村	杨陵区	设施农业，大棚
斜上村	杨陵区	猕猴桃
西小寨村	杨陵区	设施农业，大棚
河底村	凤翔县	猕猴桃
紫荆村	凤翔县	小麦玉米、西瓜
周家门前村	岐山县	苹果杂果
太子村	岐山县	蔬菜大棚
南酥骆村	澄城县	果树
小丘村	耀州区	苹果

续表

村庄	区/县	主要作物
田裕社区	耀州区	中药材、核桃
孟姜塬村	王益区	桃子、小麦玉米

（3）农业规模生产

农业现代化是在机械化、规模化和产业化的基础上，引入先进农业科技，提高农业生产效率的重要手段。自2005年以来关中地区农业机械化程度得到明显提升，小麦种植、收割、灌溉等环节已基本实现机械化，农忙时节部分中青年外出务工者也无需返乡播种，极大地解放了农村劳动力。部分地区受地形条件影响，机械化程度相对滞后。目前关中地区家庭农场、农机合作社、专业合作社、产业化龙头企业等新型经营主体均处于起步阶段。对收集到的100个行政村的调研结果进行分析，发现有农业合作社的村庄占60%，其中有1个合作社的占36%，2个合作社的村庄占总量的11%。当前关中地区农民专业合作社大多由一个或多个农民组成，流转土地多源于周边农户，流转规模较小，种植方式较为传统粗放，集约化程度不高（图2-4）。

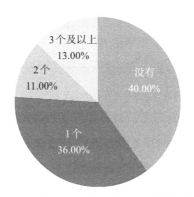

图2-4　调研村庄合作社的整体数量结构

从实际调研来看，关中地区仍以家庭承包种植为主，土地流转规模有限。人均耕地面积多数在0.8~1.8亩，少数村庄的土地被全部征用（如草堂营村）。关中地区目前形成了以租赁、承包和互换为主的农用地经营权流转方式，参与主体包括村集体、龙头企业、农民专业合作社和农户。大部分村庄由村集体统一将土地租赁给涉农龙头企业，企业与村集体签订合同并定期交付租金，村集体收到租金后分别发放给村民。土地租赁期限一般为五年，农民每年可获得一亩地800~1000元租金。

这种方式对于常年外出打工的家庭较为适宜,增加了收入来源,接受度较高。部分区县村民将农用地承包给农民专业合作社,由合作社统一耕种管理,并定期向农户支付承包费。部分村庄存在农户之间的土地承包或互换现象。有些家庭由于常年外出打工,缺少农业种植劳动力,为避免土地处于撂荒状态,往往会将土地交给亲戚或者同村村民耕种,这种方式流转的土地规模往往较小,流转行为仅限于农户之间。农户之间的土地流转因不通过村集体组织,流转行为较为方便简单,但也存在农户之间流转纠纷的问题。此外,从农用地流转用途来看,大致从事休闲农业、现代农业园区、果蔬耕种等(表2-4)。

关中地区农用地经营权转流方式 表2-4

流入方	方式	流转机制	说明
农业企业	出租	农户——村集体——龙头企业	由村委会牵头,将农民土地经营权集中流转给现代农业企业,企业定期将租金支付给村委会,再由村委会分发给农户,大概一亩地一年1000元左右
个体农户	承包/赠送/互换	农户——农户	这种形式在关中地区占一定比例,外出打工的农民将闲置土地承包给村内其他大户或赠与亲戚耕作,避免土地空置现象
专业大户	承包	农户——专业大户	这种形式在关中地区较为常见,农民将土地转包给村内种植大户,集中生产苗木、猕猴桃、甜瓜和蔬菜等,有效推动了规模化生产
合作社	承包	农户——合作社	关中地区合作社多由专业大户经营,农户将土地转包给合作社,由其统一经营。由于专业合作社尚处于起步阶段,这种形式所占比重并不高

(4)农业科技水平

关中地区农业科技附加值不高,科技培训方式有限。通过考察和访谈了解到,当前关中地区农业技能培训有四种形式,第一种由县级农业办、县级农机办等组织农业科技方面的专家或能手到各村庄进行培训,培训的内容涉及果树修剪、苗木种植、科学施肥、手工编织、家政服务、烹饪培训等,主要目的是提高农民的技能,拓宽增收渠道。第二种由村委会组织周边地区的种植能手、养殖大户、果树能手等有经验的农民为本村农民提供培训。第三种由村内的专业合作社组织,为农户提供相应的技术指导和专业培训,这种形式相对较少。第四种多见于周至县和杨陵区,该地区依托著名的西北农林科技大学,拥有深厚的研究团队和科研水平,定期对周边村庄(如西小寨村)进行土壤测量、种子培育、苗木修剪等技术培训。第四种方式具有很强的地域限制,绝大部分地区多采用第一种和第二种方式为农民提供农业技术培训(表2-5)。

关中地区农业技能培训的四大主要方式　　　　表2-5

类型	组织单位	具体方式
政府主导型	地方农业部门和农机部门	组织农业科技方面的专家或能手到各村庄进行培训，培训的内容涉及果树修剪、苗木种植、科学施肥等，主要目的是提高农民的技能，拓宽增收渠道
村委自治型	村委会	组织周边地区的种植能手、养殖大户、果树能手等有经验的农民为本村农民提供培训
社会参与型	农民专业合作社	为农户提供相应的技术指导和专业培训，这种形式相对较少
科研依托型	农业科研团队	依托西北农林科技大学或陕西省农业研究院等科研团队，定期对周边村庄进行土壤测量、种子培育、苗木修剪等技术培训，多见于周至县和杨陵区

（5）乡村产业体系

自2006年以来，关中地区不断加快农业规模化和产业化发展，以"一村一品"和现代农业园区建设为抓手，推动农业规模化发展，加快农业种植、农副产品加工、乡村旅游和农产品电子商务等产业融合发展，调整优化乡村产业结构，整合重组乡村经济格局。据统计，截至2016年，关中地区共有国家级一村一品示范村镇61个，约占全省（101个）总量的60%。省级一村一品示范村2714个，占陕西省总量的57.1%，其中宝鸡市880个，咸阳市721个，渭南市517个，西安市442个，铜川市154个。围绕"一村一品"，关中地区已初步形成了系列特色农产品种植区及品牌农业，如关山甜瓜、蒲城酥梨、大荔冬枣、眉县猕猴桃、周至苗木、韩城花椒、乾县苹果、临潼石榴、富平柿子等。"一村一品"战略的实施促进农业差异化发展，避免农产品的同质竞争，有利于稳定农民收入。关中地区不断推动农业现代化建设，当前共有4个国家级现代农业示范区（西安长安区国家现代农业示范区、富平县国家现代农业示范区、宝鸡市陈仓区国家现代农业示范区和西咸新区泾河新城（泾阳）国家现代农业示范区），省级现代农业示范园区174个。其中，西安市18个，渭南市36个，咸阳市38个，铜川市12个，宝鸡市4个，杨陵区6个。2001～2010年关中地区农业现代化水平仍呈现增长趋势，个别年份存在波动。

此外，近几年关中地区乡村产业不断向乡村旅游和农产品电子商务等延伸，农村一、二、三产业融合趋势明显。当前已涌现出了袁家村、上王村、马嵬驿、平罗村、簸箕掌村、清北村等一大批乡村旅游目的地，这些村通过打造田园观光、农家乐、休闲体验等旅游产品，拓宽了农民的增收渠道，促进了乡村经济的快速发展（表2-6）。

关中地区省级一村一品示范村分布情况　　　　表2-6

批次	陕西省	关中地区	所占比重(%)	西安市	渭南市	铜川市	咸阳市	宝鸡市
第一批	1177	727	61.77	151	199	52	160	165
第二批	991	548	55.3	109	96	48	150	145
第三批	1655	961	58.07	130	120	50	245	416
第四批	596	305	51.17	36	67	2	109	91
第五批	37	27	72.97	2	4	1	10	10
第六批	297	146	49.16	14	31	1	47	53
总计	4753	2714	57.1	442	517	154	721	880

2.2.2 社会发展维度

（1）人口城镇化率

从人口密度分布来看，关中地区人口格局呈圈层式集聚分布，核心圈层涉及长安区、渭城区、阎良区、临潼区等西安邻近地区；次级圈层涉及临渭区、礼泉县、兴平市、武功县、杨陵区等区县。大体来说，距离西安越远，人口密度逐步减小。其中宝鸡市太白县地处秦岭山脉，县内地形起伏多山，同时受生态搬迁、新农村建设和人口外流等因素影响，人口规模最小（5.14万人），县域人口密度为18.92人/平方公里。相对而言，中部冲积平原区地势平坦且土壤肥沃，人口密度较大，如秦都区、渭城区、兴平市、三原县、长安区等（图2-5）。

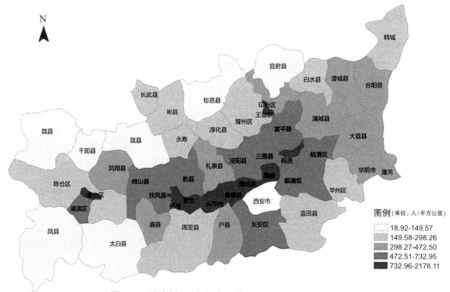

图2-5　关中地区城乡人口密度分布图（2014年）

关中地区农业人口逐年递减,从2010年的1405.2342万人减少至2014年的1268.9663万人,减少了约10%。其中长安区农业人口最多,达到84万人左右。凤县农业人口最少,仅为2.3万人左右。关中地区城镇化水平逐年提高,2014年城镇化率达到55.59%,高出全国城镇化率约0.8个百分点。陕西省内关中地区城镇化发展比陕北和陕南地区快,2010~2014年间,三大区域的城镇化发展差距逐步减小,如关中地区与陕南地区,从相差16%缩小至13%。对关中地区五市一区城镇化率进行分析,发现西安市城镇化率水平最高,达到70%以上,铜川市、杨陵区、咸阳市、宝鸡市依次降低,渭南市城镇化率水平最低,低于40%(表2-7)。

关中地区城镇化率与全省/全国对比分析(%)　　　　　表2-7

年份	2010年	2011年	2012年	2013年	2014年
全国	49.68	51.3	52.6	53.73	54.77
全省	45.7	47.3	50.02	51.31	52.57
关中	49.56	51.17	53.47	54.56	55.59
陕北	47.78	48.92	51.71	53.28	54.64
陕南	33.58	35.38	38.99	40.87	42.79

(2)农民收入水平

从绝对值来看,2015年西安市和杨凌示范区农民收入率先突破15000元大关,继续领先于其他各市(区),分别达到人均15778元和15423元的水平。铜川、宝鸡、咸阳农民人均纯收入均突破万元大关。杨凌区依托西北农林科技大学和国家重点农业实验室等,农业科技含量较高,农业现代化发展趋势良好,农民的经济增收情况较好,2015年可支配收入为15423元,位居关中地区第二。从县域单元来说,渭南市合阳县农民人均纯收入最低,西安市阎良区农民收入最高。

从收入结构来看,关中地区农民仍以非农收入为主,日常生活仍主要依靠外出打工维持。部分种植经济作物的村庄,农作物收入较为可观,外出打工人数和时间相对较少。而种植粮食作物的村庄,受粮食价格的影响,农产品收入水平较低,外出打工是其主要经济来源。近几年随着国家经济结构转型和产业宏观调控,出现大量农民工返乡待业的现象,农民的打工收入受到影响。据分析,陕西省2014年农民收入结构中,工资性收入占40.36%,比重最大;经营净收入次之,占34.68%;转移净收入和财产净收入比重依次降低(图2-6)。

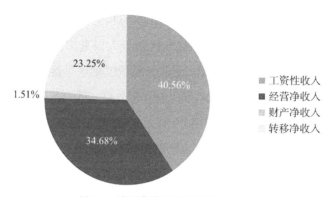

图2-6 陕西省农民收入结构（2014）

对"您希望通过哪种方式增加收入"问卷统计得到，绝大多数农民表示受年龄和技能影响，外出打工机会逐步减少，搞好种养殖业是维持经济收入的较好选择。35.15%的农民希望增加外出打工收入以提高家庭经济水平。据访谈，农民对农产品种植和外出打工并没有实质性的偏好，收入高低是农民选择的主要依据。如果农业种植能获得较高的经济收入，他们更倾向于待在农村务农，这种观念在第一代农民工群体中较为常见，对农村生活具有一定的乡土情结。而在第二代农民工群体中，情况有些不同，他们可能更倾向于选择在城市打工谋生，走出农村享受便捷的城市服务（图2-7）。

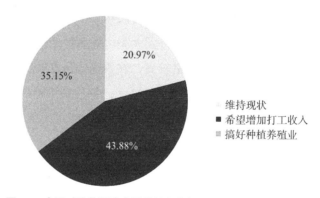

图2-7 农民对改善经济水平的倾向分析

（3）农民消费结构

随着农民经济水平的提高，同时国家出台家电下乡、以旧换新等优惠政策，手机、电视机、洗衣机和冰箱等日常家电在农村较为普及。在调研样本中，电冰箱拥有率达到85.63%，电动车拥有率为81.55%，空调拥有率紧随其后为72.23%，电脑和轿车的比重略小,分别为45.44%和26.99%(图2-8)。据2014年陕西省农民消费结构抽样统计,食品和烟酒等生活消费占农民消费总量的29.12%;其次为居住消费,占22.44%;教育文化娱乐消费占12.41%,医疗保健、交通通信、衣着、生活用品及服务等消费比重依次降低(图2-9)。由此可以看出食品、居住、教育为农民消费的三大内容。

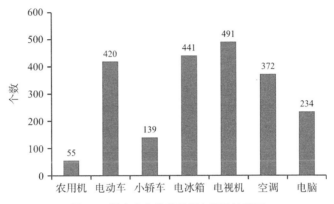

图2-8　样本家庭消费品拥有情况统计图

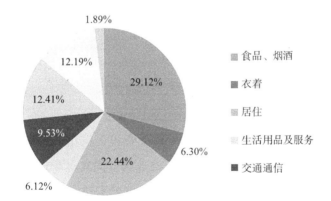

图2-9　陕西省农民消费结构分析图

2.2.3 空间利用维度

1）区域整体特征

（1）村庄密度呈现东高西低

受地形高程、土地面积、区位交通等因素的影响,关中地区村庄密度分布呈现东高西低的特征,渭南市村庄密度明显高于宝鸡市。同时发现关中地区县域村庄密度分布格局与人口密度分布格局大致吻合。利用GIS中feature to point工具提取关中地区各乡村聚落斑块的核心点，并对关中地区乡村聚落斑块进行核密度分析。从分析结果可以看出关中地区聚落分布的集聚特征较明显，空间分布呈现典型的"西疏东密"分异特征。宝鸡西部村庄密度约为0.11个/平方公里，西安等集聚区密度达到1.43个/平方公里（图2-10）。此外发现，村庄密度集聚区基本上为关中环线贯通地区，由此可见交通廊道对乡村聚落分布具有很强的作用力。

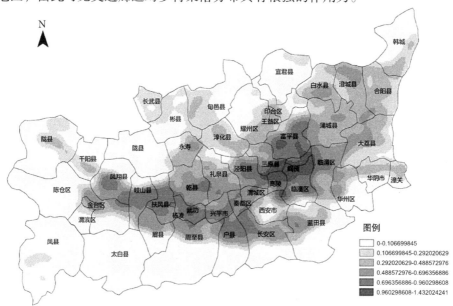

图2-10　关中地区聚落斑块密度分布图（2014年）

（2）乡村性格局趋向均衡化

乡村性（rurality）最早由英国学者Cloke P.提出，采用人口密度、年龄结构和就业结构等变量构建乡村性指数，用来反映地域空间具有乡村属性的程度，最终Cloke采用该方法将英国和威尔士地域划分为极度乡村、中等程度乡村、中等程度非乡村、极度非乡村、城市等5种地域类型[5]。在此基础上Halfacree、Woods、Ricardo等学者不断完善乡村性概念内涵，优化更乡村性评价体系，引入聚落形态、居住密度、人口集中度、住宅集中度、商业集中度、农村人口比例等指标。20世纪80年代，我国乡村地理学研究者将乡村性概念引入我国，并展开乡村地域类型划分和乡村性水平评价等工作。目前乡村性研究多以县（区）为分析尺度，研究对象多集中在中东部发达地区。如龙华楼（2009）对东部沿海地区进行乡村发展类型划分和乡村性评价[6]，部分学者针对江苏省开展了乡村性评价[7]、乡村性与乡村转型[8]等内容的研究，积累了丰富的理论成果。本书结合国内外研究基础，从人口集聚度、农业经济水平、土地利用方式、乡村社会发展等方面选取7个指标，构建关中地区县域乡村性评价指标体系。

①乡村性指数测度RI

本书采用熵值法和线性加权和法来计算乡村性指标，以反映关中地区县域的乡村性强弱。由于各指标的量纲不同，采用极值法进行数据标准化处理（表2-8）。

关中地区县域乡村性评价指标体系　　表2-8

指标	权重（2014）	阐述
人口密度	0.1434	非农人口/总人口（负向）
一产GDP比重	0.1423	总人口/总面积（负向）
农民人均纯收入	0.1422	第一产业产值/总GDP（正向）
耕地用地比例	0.1423	（正向）
人均社会消费品总量	0.1446	耕地面积/总面积（正向）
非农人口比重	0.1426	（负向）
千人床位数	0.1426	（负向）

$$X_{ij} = \frac{X_i - X_{\min}}{X_{\max} - X_{\min}} \text{（正指标）}; \quad X_{ij} = \frac{X_{\max} - X_i}{X_{\max} - X_{\min}} \text{（逆指标）}$$

其中X_{ij}为i评价单元j项指标标准化值（无量纲），X_i为第i指标数值，$X_{\min}$为该指标的最小值，$X_{\max}$为指标的最大值，$i=1, 2, \cdots, n$。

$$A = \frac{X_{ij}}{\sum_{i=1}^{n} X_{ij}}$$

$$e_j = -k \sum_{j=1}^{n} [A \times \ln(A)]$$

$$W_j = \frac{(1-e_j)}{\sum_{j=1}^{n}(1-e_j)}$$

$$RI_i = \sum_{i=1}^{n}(W_j \times X_{ij})$$

其中$k = \frac{1}{\ln m}$，n表示乡村性测度体系的指标数量，A表示第i行第j列标准化数值占第j列数据总和的比重；e_j为信息熵值，越大表示信息越离散，对全局影响越小；W_j表示第j项指标的权重。

②乡村性空间分布

借助GIS自然断裂点法将关中地区分为显著乡村性、较强乡村性、一般乡村性、较弱乡村性、极弱乡村性五大类（表2-9）。从分析结果看到关中地区县域乡村性特征明显，显著乡村性和较强乡村性地区占总数的70%左右。从空间分布来看，分析结果与实际情况较为吻合，极弱乡村性地区多为城镇及近郊地区，包括宝鸡市金台区、渭滨区、咸阳秦都区和铜川王益区（图2-11）。显著乡村性地区具有空间集聚特征，中部以永寿、淳化、礼泉、乾县、泾阳等为主要代表，东部以大荔、合阳、白水为主要代表。从乡村类型构成角度来说，显著乡村性地区多为农业主导型乡村集聚区，如永寿县、淳化县均为典型的农业型乡村。一般乡村性和较弱乡村性地区产业类型较为多样。

关中地区县域乡村划分类型及分布　　　　　　　　表2-9

类型	数值区间	个数	空间分布
显著乡村性	0.77～0.84	17	千阳县、长武县、旬邑县、淳化县、泾阳县、礼泉县、乾县、永寿县、富平县、大荔县、合阳县、白水县、澄城县、蒲城县、太白县、周至县、蓝田县
较强乡村性	0.69～0.77	16	陇县、陈仓区、凤翔县、岐山县、麟游县、扶风县、户县、武功县、兴平市、宜君县、耀州区、三原县、临潼区、临渭区、华县、潼关县
一般乡村性	0.59～0.69	11	凤县、眉县、长安区、渭城区、高陵区、阎良区、华阴市、印台区、彬县、韩城市、杨凌
较弱乡村性	0.39～0.59	1	王益区
极弱乡村性	0.31～0.39	3	金台区、渭滨区、秦都区

图2-11　关中地区乡村性水平空间分布情况（2014）

③乡村性的空间集聚特征

采用Moran's I和Getis-Ord General G和Getis-Ord G_i^*测算关中地区乡村聚落的全局空间自相关分析和局部热点分析。全局自相关分析侧重描述某一属性的整体空间格局，Moran's $I>0$说明空间相关性越大，空间集聚趋势越显著；反之则空间离散趋势越明显。局部自相关用于反映在整个大区域中，一个局部小区域单元上的某种地理现象或某一属性值与相邻局部小区域单元上同一现象或属性值的相关程度，用局部自相关G指数表示。

全局Moran's I运算公式如下：

$$I = \frac{n\sum_{i=1}^{n}\sum_{j=1}^{n}w_{ij}(x_i-\bar{x})(x_j-\bar{x})}{\left(\sum_{i=1}^{n}\sum_{j=1}^{n}w_{ij}\right)\sum_{i=1}^{n}(x_i-\bar{x})^2}$$

局部自相关G指数计算公式：

$$G_i^*(d) = \frac{\sum_j^n w_{ij}(d)x_j}{\sum_j^n x_j}, \forall j \neq I; (ZG_i^*) = \frac{G_i^* - E(G_i^*)}{\sqrt{\text{Var}(G_i^*)}}$$

其中，X_i、X_j分别为要素i、j值；$\bar{x}$为要素平均值；W_{ij}为权重；n为要素总量。$Z(G_i^*)$为正表示热点区域，$Z(G_i^*)$值为负则是冷点区域。

通过分析得到关中地区县域乡村性Moran's I指数为0.11，z得分为1.69，p为0.09。Moran's I指数大于0表示具有集聚趋势，数值越大，趋势越明显；反之小于0表示具有离散趋势。Z值较大，说明研究对象集聚程度较高，数值为正表明为高值的集聚，由此看出关中地区县域乡村性具有一定程度上的集聚趋势。在全局自相关分析的基础上，采用Getis-Ord G_i^*对县域乡村性进行计算和渲染，计算各样本单元的局部空间关联指数。经过冷热点分析可以看到冷点地区多出现在凤县、金台区、凤翔县、陈仓区和渭滨区，说明宝鸡市乡村性的空间差异较小。热点区域出现在永寿县、淳化县、蒲城县和澄城县，并在周边形成了次级热点缓冲圈。如渭南大荔、华县、咸阳礼泉、旬邑县等。在中部地区形成了一条次级冷点带，覆盖户县、兴平市、渭城区、三原县、富平县、富平县、印台区等县（市/区）。乡村性较高地区集中在农业基础雄厚、农业人口比重较大的农业型地区，工业实力雄厚、地势平坦、经济水平较高的地方则乡村性相对较弱，这与实际情况较为吻合（图2-12）。

此外，对比2005年和2014年冷点和热点区域空间分布，总体格局基本一致，局部出现一定幅度的变化（图2-12、图2-13）。冷点区域比重逐渐增大，从最初的

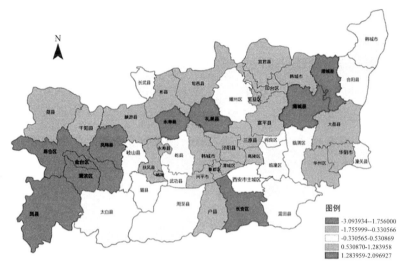

图2-12　关中地区2014年县域冷热点分析图

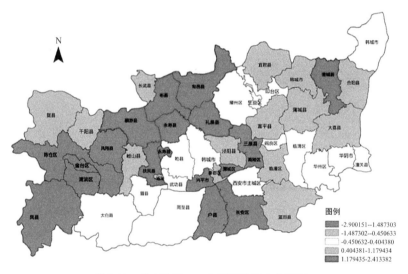

图2-13　关中地区2005年县域冷热点分析图

点块状集聚逐步向空间廊带状转变。热点区域比重逐步减小，主要体现在麟游县、彬县、旬邑县、永寿县和扶风县，区域乡村性水平减弱。咸阳市热点区域变化最为显著，出现大幅度的减少，咸阳市在过去10年城乡建设速度较快，乡村地区投入力度较大，城乡一体化的效果明显。此外"两极"比重趋于减少，空间差异程度趋于减弱，乡村性整体格局更加均衡。

2）聚落空间形态

通过遥感图像对农村居民点的判读依托于居民点的聚落特征，在解译过程中可能存在将几个紧邻居民点归并在一个居民点,因此从遥感图像判读得到农村居民点斑块数目可能与实际统计普查数据有所不同,然而从整体情况来看并不影响对关中地区整体居民点斑块的分析(图2-14)。

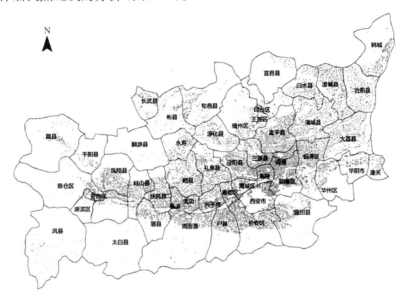

图2-14 关中地区村庄聚落现状分布图(2015年)

(1)规模特征

从土地利用/覆盖数据库来看,关中地区涉及14746个聚落斑块(涉及集镇、行政村和自然村等),其中规模最大的为6.86平方公里,规模最小的仅为576.34平方米。从聚落斑块规模等级情况来看,大部分斑块面积处于0.05~0.1平方公里及0.1~0.5平方公里左右,占总量的79%以上。规模较小的村庄和规模较大的村庄比重较少,如0.02平方公里以下的仅占1.68%,1平方公里以上的占总量的0.71%(表2-10)。

关中地区村庄规模现状分布情况 表2-10

村庄规模	数量	比重
0.02平方公里以下	248	1.68%
0.02~0.05平方公里	2308	15.65%
0.05~0.1平方公里	5002	33.92%
0.1~0.5平方公里	6659	45.16%
0.5~1平方公里	425	2.88%
1平方公里以上	104	0.71%

(2)分布特征

咸阳、西安、渭南等地势平坦及坡度较小的地区村庄分布较为集中,靠近秦岭北麓的太白县以及北部黄土丘壑高程较高且坡度较大的地区村庄分布较稀疏。具体来说,大部分村庄集中在海拔700米以下及坡度20°以下的地区,其中该区域斑块总数为11061个,最大面积为6.8平方公里,最小斑块为576.56平方米。可以看到随着高程的增加村庄频数逐步减少,与实际情况吻合(表2-11、图2-15、图2-16)。

关中地区乡村聚落斑块相关统计情况　　　　　　表2-11

高程(米)	频数	斑块总面积(平方米)	斑块最大面积	斑块最小面积	斑块平均面积
227~685	11061	91126473	6860270	576.56	159699.62
686~1102	4501	26891301	1811700	576.34	161261.21
1103~1533	1231	5305825	1811700	615.88	151188.49
1534~3772	43	445139	280348	16766.50	84562.79

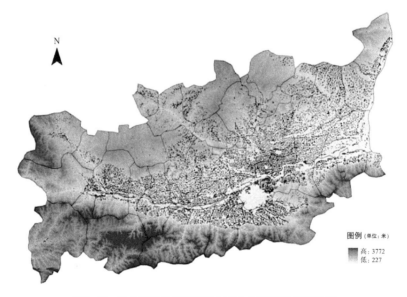

图2-15　关中地区乡村聚落空间分布与高程的相互关系

3)村庄微观空间

上文从中宏观尺度对关中乡村地区进行了分析探讨,此处从微观尺度对村庄空间分布和内部功能组织进行细致阐述,梳理关中地区村庄分布的主要特征和内部空间组织的主要方式。

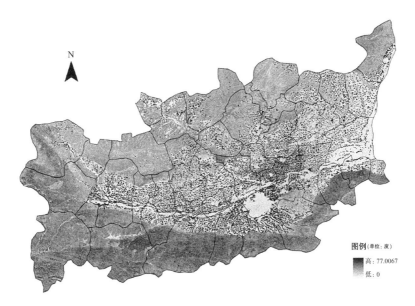

图2-16 关中地区村庄空间分布与坡度的相互关系

(1) 外部空间联系

从村庄与外部空间组织关系入手，可总结为秦岭山区沿交通自由布置型、平原区规则斑块均衡分布型（近正方形棋盘式斑块以及近长方形斑块）、连续线性布置型、北部沿塬叠层布置型、沟谷沿道路规则布置型（平行于道路和垂直于道路）等空间布局方式。

①秦岭山区沿交通自由布置型

地形条件和交通出行是该地区村庄选点的重要因素，该地区村庄基本上位于交通可达处或山体地势平坦区，以满足村民对安全性和交往出行的需求。一般来说因人口规模较小且离散分布，村庄不具备集聚斑块规则式格局的现实条件，整体上呈自由式分布形态（图2-17）。

②平原区规则斑块均衡分布型

该地区地势平坦、自然条件优越、县乡交通网络四通八达，居民交通出行较为便利，因此村庄分布并没有强烈的方向性，基本处于同质均衡状态。根据村庄形态特征，发现绝大多数村庄轮廓为近正方形，少数为近长方形。造成这种现象的原因在于以下两点，首先人口规模越大，村庄形态更倾向于正方形，土地利用也更加集约；其次长方形较多出现在县道和乡道等主要交通连接处，具有外部空间连接性和延伸感，相比而言正方形斑块则呈现内部向心性和集聚感（图2-18）。

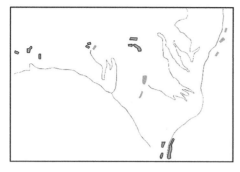

图2-17 沿交通零散自由式示意图

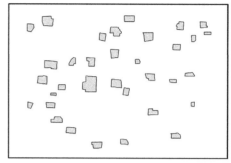

图2-18 规则斑块均衡分布示意图

③连续线性布置型

在渭河两侧周边地区出现了村庄连续线性分布的状态，其中以周至县裕盛村和联集村为典型代表，村庄沿道路两侧单排或双排分布，同时向东西向延伸。裕盛村和联集村大力发展苗木产业，村集体成立相关企业，经济实力较优越。村庄以内部道路为依托，向村委会中心集聚，因此形成了这种特殊的村庄形态（图2-19）。

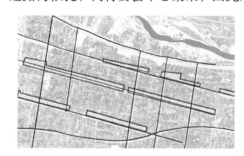

图2-19 线形布置示意图

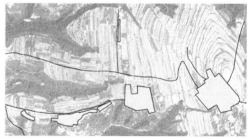

图2-20 村庄沿塬叠层布置示意图

④北部沿塬叠层布置型

关中北部地区为黄土旱塬区，沟壑、卯、梁等地形条件错综复杂，人口密度和村庄分布较南部山区来说相对稀密。村庄居住建筑形态较丰富，至今保留着窑洞这种特色居住结构，村庄多沿塬面呈叠层状分布，形成了典型的立体景观（图2-20、图2-21）。

⑤沿沟谷道路规则布置型

在带状沟谷地势较为平坦地区，部分村庄沿道路两侧规则布置，因人口规模较小，往往成一排或两排。根据与道路的空间关系可分为平行于道路和垂直于道路两种形式。在沟谷宽度和开敞度有限的情况下多采用沿道路方向单排布置，节省空间。在相对开敞地区多采用垂直于道路的形式，减少对外道路穿过村庄内部，减少互相干涉（图2-22）。

图 2-21 陈炉古镇居民点叠层状分布实景图

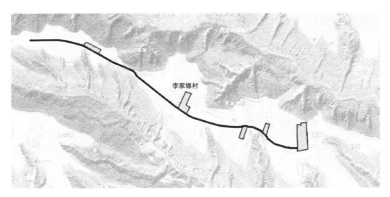

图 2-22 村庄沿沟谷道路规则布置型示意图

(2)内部组织结构

通过对村庄内部组织进行梳理,发现关中地区村庄巷道结构主要有棋盘式、十字形、L字形、一字形、自由式、叠层式等。其中棋盘式、T字形和L字形等规则型组织方式多见于地势平坦的冲积平原区,自由不规则式多见于南部山区和北部沟壑区(图2-23、图2-24)。

棋盘式

十字形

L字形

图 2-23 村庄内部规则型结构示意图

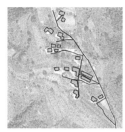 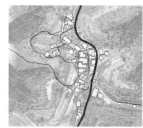 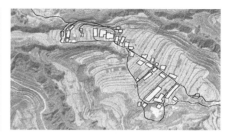

图2-24　村庄内部自由式结构示意图

2.2.4　公共设施维度

1）公共服务设施

（1）教育设施

据统计，截至2014年陕西省共有小学6574所和初级中学1714所，分别比2013年减少782所和27所。小学学龄儿童净入学率达到99.89%，初中毕业生升学率为97.17%（不含升入技工学校的学生）。随着"拆村并点"工作的开展，农村教育资源进行了大规模的改造合并。关中地区按照3～4个行政村配置一所幼儿园，小学和初中向乡镇集中，高中向区县集中。教学环境和硬件条件得到提高，部分幼儿园和小学配套有专门的校车接送，部分标准化学校配套有足球场、电脑、多媒体等硬件设备。如阎良区谭家村幼儿园和尹家坞村标准化初中配套有塑胶操场、滑滑梯、篮球场、足球场等娱乐设施（图2-25、图2-26）。尽管经过近十年的发展，农村教育环境有明显提升，然而仍存在较多问题。从师资力量来看，城乡差距仍较明显，乡村地区仍面临教师队伍编制配备不足问题、骨干教师流失严重、城乡教师工资待

图2-25　谭家村幼儿园实景图　　　　图2-26　尹家坞村初中实景图

遇相差甚远。其次，学校合并有利于改善资源使用率低问题，有效减轻政府财政压力，但同时也面临着学生上学距离过长的问题，小学或初中寄宿制趋势逐步明显。

（2）文体设施

新农村建设战略实施以来，关中地区农村活动广场、文化站、农家书屋、体育器材等设施配套相对较为完善。截至2015年关中地区拥有公共图书馆56个、藏书6157千册和文化站715个。在被调研的91个村庄中，配套文化站/农家书屋的有84个，占调研总量的92.3%。体育活动广场配套的有88个，达到总量的96.7%。西安市2014年已建成农家书屋2500个左右，行政村覆盖率提升到85%。铜川市印台区自2008年以来为全区107个行政村配发了"农家书屋"图书和配套设备，总投资314万元，共发放图书16.1万册，配备电子音像制品1.07万张。2014年渭南市建成农民体育健身工程300个，安装器材3300件，乡镇体育健身工程11个，安装器材286件。总的来说，自2005年以来关中地区农村文体设施得到了明显的提升，配置数量和规模在持续加大。

通过实际调研发现，目前基本每个行政村均设置有100～300平方米规模不等的广场，并配套有篮球架、健骑器、荡椅、腿部按摩等多种建设器材。阎良区二聚龙片区化中心社区每逢傍晚，周边居民来此进行广场舞、荡秋千、健身等多种娱乐活动，极大地丰富了农民日常生活。

根据活动中心与村庄的位置关系可将村民活动中心分为两类：门户空间类和村内布局类。门户空间类，即活动中心位于村庄的出入口位置，例如阎良区井家村和临潼区圣力寺村，均将活动中心和村委会集中布置在村庄入口位置，作为村庄的形象空间。这种布局方式在空间可利用角度来说具有劣势，距离活动中心较近的居民能享受其带来的便利，而距离较远的村民则会因为距离的可达性而导致活动中心可获性的降低，尤其当村庄规模较大时，这种劣势更加明显。如圣立寺村，人口规模较大，最远处步行到活动中心大概30分钟，设施的利用率受到明显影响。第二类是布局在村庄内，即根据村庄空间的实际情况，在空地上新建或改建活动广场。位于村内使得周边村民使用距离大致相同，扩大了设施的使用半径和服务人群，提高了设施的使用效率，如临潼区小金村和谭家村，活动中心即位于两个自然村之间。这种类型往往受村庄现状建设情况的制约，土地整理成本较高，广场规模也受到影响（图2-27）。

此外，大部分村级活动广场与村委会集中布置，设置有封闭的围墙和边界。开

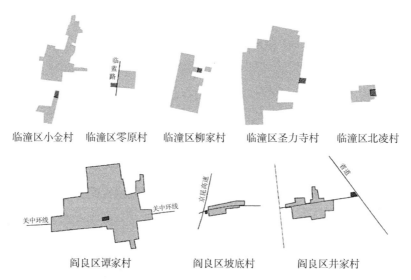

图 2-27 部分村级活动广场与村庄空间关系示意图

放时间根据村委会坐班安排而定,一定程度上限定了农民的活动范围和时间。部分村庄将村委会和活动广场分开布置,通过地面材质的不同营造场所的边界感,空间自由开放,提高了农民的进入性和参与感,如临潼区柳家村。

(3)医疗设施

自实施新型农村合作医疗制度以来,关中地区积极开展新型农村合作医疗试点和推广工作,农民看病难、看病贵等问题得到明显改善,大部分区县农民参加新型农村合作医疗比率达到95%以上,基本上每个行政村配套有村级卫生室,每个片区化社区配套有社区卫生室,部分镇配套有中心卫生医院,大部分村民均能享受到便捷的就医环境,农村医疗条件得到大幅度提升(图2-28)。截至2014年,关中

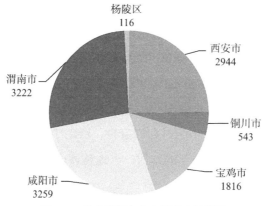

图 2-28 关中地区各市乡村医疗站数量

地区共有16976个乡村医生和卫生员，11900个村卫生室（表2-12）。有学者曾对农村医疗卫生服务状况进行调研，分析发现70%的农民选择在村里看病，去村卫生室/站的占26.9%，去县市区医院的占8.4%，去市医院的占2.1%，去省级医院的占0.3%。因此配套完善村级医疗卫生设施成为改善农村医疗条件的重要内容。目前关中地区农村卫生室基本实现行政村全覆盖，部分镇配套有中心卫生医院，大部分村民均能享受到便捷的就医环境，农村医疗条件得到大幅度提升。

关中地区村卫生室和医疗技术人员发展情况　　　　表2-12

城市	村卫生室（个）	村医生和卫生员（人）	乡村医生（人）	卫生员（人）
西安市	2944	3708	3327	381
铜川市	543	511	511	
宝鸡市	1816	3075	2878	197
咸阳市	3259	3567	3512	55
渭南市	3222	5984	5863	121
杨凌示范区	116	131	125	6
关中地区	11900	16976	16216	760

（4）养老设施

当前农村人口老龄化现象较为突出，农村年轻人外出打工，农村家庭养老功能趋于弱化，空巢老人现象十分普遍，而农村养老事业尚未做好准备，农村养老设施严重缺乏，养老形势非常严峻。通过调研发现，关中地区一半以上的农村没有配备养老院或敬老院，部分村庄设置有老年协会和活动室，然而时常闭门落锁。少数村庄配置有老年日间照料中心和老年活动室，一定程度上缓解了老人精神寂寞的情况。

为了解关中地区农村的养老模式，本次研究随机选取3个家庭进行访谈。家庭A有1个老人，该老人现有4个儿子，由于儿子常年生活在西安，每家每年会给老人一定的生活费，但平日老人无人照顾。虽然子女给老人提供了一定的经济支撑，但无法弥补老人精神的空虚。家庭B有1位患病老人，该老人有3个儿子，老人与儿子们居住在同一村庄，距离较近。由于老人患病，丧失生活能力，日常由儿子为其送饭菜等基本生活物资。3个儿子关于老人赡养问题达成一致，每个月轮流照顾老人起居。家庭C有一个老人，老人和小儿子生活在一起，儿子平日出去打工，儿媳在家里照顾老人和孩子，老人平日里帮儿媳分担部分家务、干些力所能及的事情。由此来看，农村养老仍以居家模式为主，养儿防老的观念仍占主流地位，老人年迈时往往与儿子/小儿子居住在一起，这样方便互相照应，"分家"在农村人眼里非常不光彩。当前，随着城镇化的发展，农民工群体数量增多，中青年农民长期外出打工，老人与子女长期处于分离状态。城市生活压力较大，子女面临巨大的生存压力，有些老人甚至倾家为子女在城镇置办房产。调查发现部分农民选择购买农村养老保险或者社会养老保险，有些农民倾向于以钱防老，确保晚年经济基础。从问卷统计来看，选择靠子女养老的仍为主流方式，选择养老保险的比重稍低，选择养老院的人数最少。由此看出，目前农民对养老院这种社会养老方式接受程度不高（图2-29）。

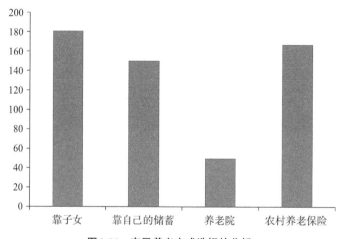

图2-29　农民养老方式选择的分析

2) 农村基础设施

农村基础设施包括道路交通、给水排水、能源使用、电力电信、环卫、农田灌溉等设备。有学者曾对农村基础设施和乡村经济社会发展进行相关分析，认为农村公路里程和农村用电总量每增加1%，农业总产值将分别增加0.821%和0.184%，由此可见农村基础设施条件对农村发展具有重要作用。

(1) 农村道路

目前，关中地区农村道路基本实现了100%的乡镇通油路，100%的建制村通公路，80%的建制村通油路（水泥路）的目标，有效地改善了农民交通出行问题。在调研的165个行政村中，村内道路全部硬化的比重达72%，道路硬化率在80%以上的村庄占总数的18%。此外农村道路硬化水平与各地区经济实力较为吻合，经济实力愈强的区县，其乡村道路硬化率越高。整体来看，农村交通出行和道路硬化条件得到明显改善，道路硬化工作取得了较好的效果，但仍存在"最后一公里"的问题，特别是偏远山区少数村庄至今尚未硬化，导致交通出行不畅。此外，道路后期维护滞后，局部地段出现路面塌陷、断裂、坑洞等现象，未及时修缮而导致道路大面积损坏。

（2）安全饮水

关中地区农村饮水安全市区差异明显，有些地区地下水资源较丰富，有些地区水资源缺乏，长期处于饮水困难状态。如咸阳市北部旬邑、长武、彬县等黄土高原干旱区及中部乾县、三原、礼泉北部、泾阳等旱腰带地区。关中地区饮水安全达标人口从2010年的1311.6万人增加到2014年的1470.1万人，其中渭南市达标人口为415.1万人，杨陵区达标人口为11.74万人。"十二五"期间，西安市共完成总投资8.07亿元，解决了134.22万农村群众的饮水不安全问题。咸阳市投入农村饮水安全资金11.86亿元，建成饮水安全工程1300多处，受益人口覆盖220万人。宝鸡市共建成各类农村饮水工程1217处，完成总投资5.4万元，解决了90.5万人的安全饮水问题（图2-30）。

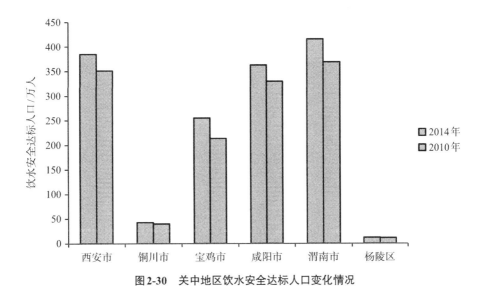

图2-30 关中地区饮水安全达标人口变化情况

（3）农田灌溉

自2006年以来关中地区政府不断加大对农田水利设施的投资力度，从2010年的54.9亿元增加至2013年的118.4亿元，整体上来说资金投入幅度明显增加（图2-31）。

根据《陕西关中地区农田灌溉设施建设情况调研报告》统计，截止2014年底，关中地区建成万亩以上灌区121个，干渠2233公里，支渠4467公里，斗渠14309公里。有效（农田）灌溉面积达1347.5万亩，占耕地总面积的60.9%，节水灌溉面积达1017.9万亩，旱涝保收面积829.2万亩，分别占耕地总面积的46.0%、56.3%，远高于全省29.7%和25.7%的平均水平。通过调研发现，部分村庄农田灌溉条件较好，采用基井水和地埋管（暗管）等方式对农田进行灌溉。部分靠近河流的村庄采用渠道灌溉的形式，如富平县原李村90%以上的农田通过抽渭河水灌溉，澄城县韦庄镇南酥骆村主要依靠抽湟水灌溉。此外关中地区仍有部分村庄靠天吃饭，尚未配套相关灌溉设施，如蓝田县厚镇南街村、簸箕掌村、核桃园村、铜川小丘村、铜川墓

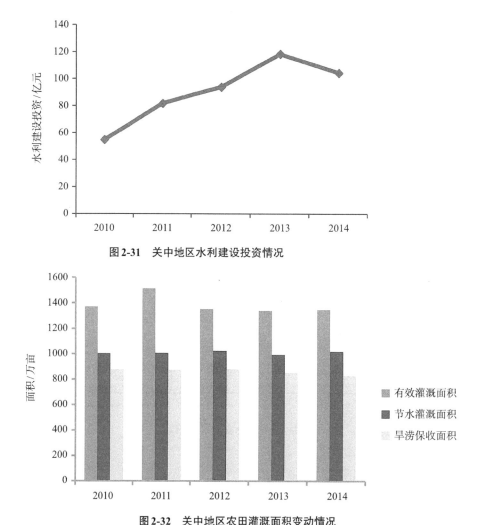

图2-31 关中地区水利建设投资情况

图2-32 关中地区农田灌溉面积变动情况

坳村、渭南澄城县中社村、段家庄村等。

（4）电力通信

陕西省不断推动农产品电子商务发展。发展农产品电子商务或"互联网+农业"的前提条件是农村网络基础设施和农产品物流体系等配套设施的建设和完善。自2007年关中地区乡村座机电话数呈下降趋势，这与手机普及具有很大关系。2014年关中地区乡村座机电话数达到1941734户，其中西安市乡村电话数占总量的57.48%，渭南市、咸阳市、宝鸡市乡村电话比重依次降低，铜川市乡村电话所占比重最少。

从网络信号覆盖情况来看，部分村庄已配套移动固定宽带网络。从调研村庄的电脑/网络拥有量情况来看，电脑拥有率在60%以上的村庄占调研总量的19.78%，电脑拥有率40%～60%的村庄数量占总数23.08%，电脑拥有率小于20%～40%的村庄比重约为36.26%，电脑拥有率小于20%的村庄占总数的20.88%（图2-33）。整体上来看，农村电脑使用率不高，这与农民生活习惯和实际需求具有较大关联。究其原因主要表现在以下方面，首先，网络费一年近1000元，农民收入有限，安装网络的意愿不强烈；其次，农村以中老年人、妇女和小孩为主，该部分人群对网络需求不强烈。相比较道路、饮水和环境卫生等设施建设，关中地区对农村通信网络的配套相对滞后。今后随着农村电子商务的推进，地方政府将逐步加大对网络通信的建设力度。

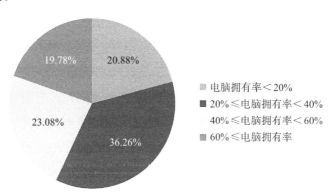

图2-33　关中地区电脑网络使用情况

随着农民消费水平和生活质量的提升，乡村地区用电需求量持续增长，造成现有电力设备超负荷使用，引发线路故障、变压器跳闸及其他不安全问题。渭南市在2010～2015年间，先后投资6.2亿元进行农村电网改造升级建设，新建、改造10

千伏线路1359.99千米，新增、更换配变2026台、容量463.8兆伏安，全面解决农村"低电压"问题。同时农村夜晚照明情况得到了明显改善，有些村依托美丽乡村建设甚至安装了太阳能路灯，每晚8点开到凌晨12点。在调研村庄中，79.12%的村庄实现了夜晚照明全覆盖，5.49%的村庄实现部分主干道照明，15.38%的村庄尚未安装照明设备（图2-34）。

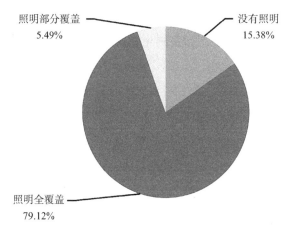

图2-34　调研村庄夜晚照明情况

（5）环境卫生

环境卫生整治和村容村貌美化是关中地区乡村建设的主要内容之一，为优化提升农村人居环境，关中地区以农村环境连片整治为抓手，陆续出台《农村生活垃圾管理暂行规定》及《农村生活垃圾和生活污水处理工作实施意见》等相关指导文件，并全面开展农村安全饮用水、污水排放、垃圾处理等工程。各市区积极推动农村环境卫生整治，为村庄制定统一垃圾堆放点，建设垃圾回收设施，配备垃圾清运车辆，定期对垃圾进行清运。一个行政村安排2~3个保洁人员定期对村内道路进行清洁，有些村庄给每户配发垃圾桶，垃圾车每天拉运。针对村庄环境卫生整治，宝鸡市建立了县、镇、村分级处置的垃圾处理模式，并采取了循环利用的方式进行处理，如眉县形成了"腐烂变质沤肥还田、可回收资源利用、不可回收就近填埋、有毒有害集中处置"的经验，凤县形成了"村民收集分类、定点兑换物资、政府补贴差价"的做法。

（6）清洁能源

关中地区农村能源使用中电能比重最大，其次为煤气和太阳能，木柴、煤炭和沼气相对较少。农民日常做饭烧水多使用电磁炉、煤气灶等家电，洗澡时多用太阳能和电热器,由于太阳能受气温影响较大,冬天防冻能力不佳,所以越来越多的农户选择电热器。少数偏远地区及收入水平较低的家庭日常生活仍使用木柴做饭和供暖。关中地区针对村庄人居环境改善曾提出"变废为宝、循环利用"的工作思路,在农村建设了大量沼气池。通过调研发现,目前关中地区大部分村庄的沼气池已经荒废,只有部分有养殖场的农户仍在使用,原因则是大部分家庭没有足够的粪便来产生沼气。此外,前几年关中地区开展新一轮卫生厕所改造项目,部分村庄建设沼气厕所。调研中部分村民反映沼气厕所的工程质量存在问题,最终导致荒废。农村较为常用的能源有电能、太阳能、煤气、煤炭、木柴等(图2-35)。

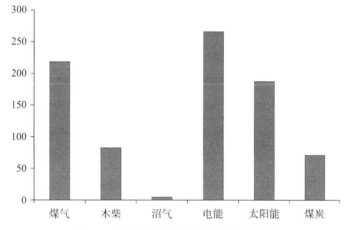

图2-35 关中地区农民能源使用的调研分析

——您村用沼气的人多吗?

——不多,基本都不用了。

——您觉得沼气怎么样?

——还可以,就是需要粪便。

——听说村里的沼气今年停了?

——嗯,没气。之后要对沼气池进行清理,不然没法用。而且没有粪,就没有办法。

——咱村每家每户都有沼气池吗?

——村里是哪家想打沼气池,村里就给打。不过主要还是养殖户有粪,一般农户没有那么多粪。

下南丰村访谈记录节选

2.2.5 人居环境维度

1）景观绿化

相对城镇化地区而言，农村自然生态基础条件较好，绿化覆盖率高。近几年，关中地区乡村建设在景观绿化方面投入了大量资金，保留村庄原有树木，并采用点、线、面相结合的方法，在乡道和村道两侧纷纷栽种柳树、樱花树、松柏等观赏性价值较高的树种，极大地改善了农村景观风貌。如宝鸡市紫荆村，道路两侧绿树成荫，绿化效果突出（图2-36）。

图2-36　紫荆村绿化情况实景图

2）文化风貌

关中地区历史悠久，拥有丰富的文化底蕴，如柏社村、党家村、孙塬村、灵泉村等历史文化名村或特色传统村落，以及社火、秦腔、泥塑、陶瓷、剪纸、皮影、庙会等非物质文化遗产。为改善村庄风貌、保护和传承地域文化，增强村庄精神文化建设，关中地区积极申报历史文化名村或文化保护单位，鼓励扶持民间技艺传承人，配套完善健身器材、农家书屋和活动广场的服务设施，同时开展村巷墙画、文艺比赛、村规民俗和道德模范评选、"孝敬公婆好儿媳"、"十佳公婆"评选等系列活动，丰富了农民的精神文化生活（图2-37）。

图 2-37 独庄村文化墙画

2.3 主要建设经验

自2005年以来，关中地区开展了若干地方实践，并积累了丰富的建设经验，农村生活条件和人居环境得到显著改善。总的来说，关中地区乡村建设具有以下三大特征。

2.3.1 以点带面、典型示范、逐步推广

在乡村建设初期，关中地区各市县纷纷开展村庄试点工作，如西安市2006年推进的"千村规划、百村创优、十村示范"工程。综合考虑交通区位、产业基础、资源优势和地域特征等因素，合理选择典型示范点。围绕示范村积极探讨基础设施配套、公共设施供给、人居环境改善、村庄风貌整治和产业经济发展等建设思路，同时大胆创新土地流转、农业经营和城乡建设用地增减挂钩等制度改革，旨在打造关中地区乡村建设的"样板"和"标杆"，如高陵区东樊村、礼泉县白村、袁家村、铜川市北移村、蓝田县簸箕掌村等。之后，以点带面，全面推广示范村的先进做法和建设经验，为关中地区其他村庄提供思路借鉴。

2.3.2 以设施配套和环境整治为切入点

自20世纪后期以来，关中地区城乡二元差距逐步凸显，尤其体现在公共服务设施供给和基础设施配置方面。城乡教育、医疗、文化、体育和养老等公共资源严

重失衡，村庄道路出行、安全饮水、污水排放和环境卫生等设施配套严重滞后，乡村可持续发展面临严峻考验。在这种背景下，关中地区以设施配套和环境卫生整治为切入点，陆续开展"四改五通五化"和"六室四配套"工程，加大政策资金扶持力度，不断完善村庄道路硬化、给排水设施、电力通信和垃圾收集设备等，确保每个行政村配置有便民服务中心、文化站、卫生室、活动广场和健身器材等。同时持续推进农村环境连片整治工作，初步形成了"户收集、村转运、镇处理"的三级体系，确保村庄生活环境的干净整洁。

2.3.3 政府主导、规划先行、互促发展

地处西部后发区域，关中地区乡村经济实力薄弱，农民生活水平较低，村集体收入来源有限，因此关中地区乡村建设的资金来源均依赖上级政府和企业等外部支持。乡镇基层政府占据主导地位，肩负产业经济发展、社会和谐稳定、空间高效利用、生态环境保护、政治民主自由和乡土文化传承等重任，是乡村可持续发展的直接推动者。结合关中地区实际情况来看，村集体通过"一事一议"、精准扶贫和专项渠道等获得地方或国家的资金支持，资金重点投入到村庄道路硬化、环境卫生整治、村容村貌营造、体育活动广场等方面，改善村庄的物质硬件条件。同时，关中地区坚持"规划先行"的工作方针，在新农村建设初期地方政府纷纷编制村庄建设规划，并以规划为纲合理引导乡村地区健康发展。

2.4 本章小结

客观系统地了解关中地区乡村建设发展脉络和实态特征是本研究开展的基础，对后文乡村建设绩效评估、问题检讨、现实反思和可持续模式构建具有直接影响。

首先，通过对政策脉络及建设内容的梳理，将关中地区乡村建设划分为"试点示范、逐步推广和全面提升"三大发展阶段。其中试点示范起步阶段（2005~2010年）以重点村为载体，以村庄规划编制、"四改五通五化"和环境卫生整治为主要建设内容。逐步推广加速阶段（2011~2014年）以新型农村社区和农村片区化中心为抓手，完善农村公共服务设施均等化配置。全面提升阶段（2015年至今）以美丽乡村为核心，巩固建设成效，增强村庄整体实力。其次，采用实地考察、问卷调查、统计分析和空间分析等方法对关中地区乡村建设的产业经济、社会发展、空间利

用、公共设施和人居环境等五大系统进行分析,结果发现:①农业总产值呈增长趋势、特色农产品格局逐步凸显、土地流转规模有限、规模化经营尚处于起步阶段、现代化乡村产业体系日益完善;②城镇化进程持续推进、外出打工仍为主要收入来源、食品和居住及教育为三大消费方向;③聚落形态呈现"密度分布东高西低、乡村性格局趋向均衡化"的特征、村庄分布方式多样(沿交通自由布置、规则斑块均衡分布、沿塬叠层布置等)、内部巷道系统多以棋盘式或自由式等为主;④基本每个行政村配套有便民服务中心、村级活动广场、文化站、卫生室、环卫设施等,仍面临"最后一公里"和后期维护等任务;⑤以环境卫生整治和美丽乡村建设为抓手,推进巷道绿化和美化工程,开展文化保护、风貌整治和道德楷模评选等活动,村庄人居环境明显改善(表2-13)。最后,对关中地区乡村建设进行高度凝练、总结得到"以点带面、典型示范、逐步推广"、以设施配套和环境整治为切入点、"政府主导、外部助力、互促发展"三大主要建设经验。

关中地区乡村建设"五大维度"实态特征 表2-13

维度	细化	现状特征
产业经济维度	农业经济实力	关中地区强于陕南及陕北地区
	特色农业格局	特色农业种植功能分区较为明确,差异化发展趋势增加
	农业规模生产	农业生产规模小,呈条块分割状态,新型经营主体处于起步阶段
	农业科技培训	政府主导型、村庄自治型、社会参与型和科研依托型四大方式
	乡村产业体系	现代农业和乡村旅游逐步增强,产业体系日益完善
社会发展维度	人口城镇化率	逐年增长趋势
	农民收入水平	外出打工仍为主要收入来源,生活水平逐年改善
	农民消费结构	消费水平明显提高,食品、居住和教育为三大消费方向
空间利用维度	区域整体特征	村庄密度呈现东高西低、乡村性格局趋向均衡化
	聚落空间形态	地势平坦及坡度较小的地区村庄分布较为集中,靠近秦岭北麓及北部黄土丘壑高程较高且坡度较大的地区村庄分布较稀疏
	村庄微观空间	秦岭山沿交通自由布置、中部平原区规则斑块均衡分布、北部沿塬叠层布置等,巷道空间以棋盘式、十字形、L字形、自由式、叠层式等为主
公共设施维度	教育设施	教育设施合并效果明显,2~3个村设一个幼儿园,一个镇设一所小学
	医疗设施	形成了县—镇—社区—村多级配置体系,医保覆盖率较高
	文体设施	基本上每个行政村均配置有不同面积的广场、建设器材和文化室
	养老设施	较为缺乏,在老龄化背景下,应进一步增加养老设施规模和质量
	道路硬化	出行条件得到明显改善,硬化覆盖率高达90%

续表

维度	细化	现状特征
公共设施维度	排污系统	大部分设置了排水明渠，实际中存在渠道被堵塞、排水系统不畅等问题
	电力通信	满足基本使用，农忙或节假日存在跳闸或断电现象，网络覆盖率逐年增加
	夜晚照明	大部分村庄安装了路灯，有些甚至安装了太阳能路灯
	环境卫生	村巷环境得到提升，仍存在背巷垃圾堆砌问题，垃圾处理仍待解决
	清洁能源	太阳能、煤气、电能较为常用，沼气基本上少数人使用
人居环境维度	景观绿化	部分村庄实现道路两侧绿化，景观效果较好
	文化风貌	开展"民俗墙画"和文化保护工作，同时开展"孝敬公婆好儿媳"、"十佳公婆"等评比活动

第三章

关中地区乡村建设的综合绩效评估

本章首先对目前我国乡村建设绩效评估体系进行反思。之后，结合事实准则和价值导向，构建以"事实一致性、建设实施绩效、农民满意度"为核心的乡村建设综合绩效评估体系。并运用此框架对关中地区乡村建设绩效进行评估，定量判断关中地区乡村建设是否实现了预期目标，要素投入是否取得最大化产出，建设效果是否得到了农民的一致认可。最后对评估结果及其特征进行阐述。

◇◇ 3.1 评估框架构建

《新华字典》对绩效的解释是"成绩、成效"，其中"绩"指"成果或功业"；"效"指"效果、效率及效用"等。英文对应"achievements、performance"，表达成就之意。"绩效"最初源于经济学，之后被应用到管理学。本书将"绩效"引入城乡规划学领域，认为乡村建设的综合绩效评估是一套完整的分析框架，它是效益、效率与有效性的统称。通过定量与定性方法对新农村建设的过程事实一致性、建设实施绩效和农民主体满意度进行客观、公正和准确的评判，从而扬长避短、查漏补缺。

3.1.1 现行绩效评估体系的反思

自2005年以来，乡村建设绩效评估受到学界的广泛关注，积累了较为丰富的研究成果。然而也应看到乡村建设绩效评估研究仍处于发展阶段，评估思路尚不成熟，评估框架仍不完善。存在概念认知模糊、公众参与度不足、强调实施效果、轻视过程监督等问题，尤其忽视了社会价值和公众参与等要素，直接影响了乡村建设绩效评估的实效性。

（1）内涵认知简单化，存在概念混用现象

搜索相关研究文献发现，学界对乡村建设绩效评估存在以下认知模糊现象。首先，部分学者对"乡村建设水平评价"和"乡村建设绩效评估"两个概念的认知不足，时常出现混用的现象。特别在指标体系构建时，两者大量指标重复雷同，导致地区乡村建设水平和绩效评估的结果相似。普雷姆詹德在其《公共支出管理》中认为绩效包含效率、产品和服务质量与数量以及获得的效益。由此可看出绩效评估与水平评价具有本质区别。其次，乡村建设绩效评估应涉及方案内容评估、建设过程评估和实施效果评估等，多数学者将概念简单化，忽视了内容评估和过程评估等环节。

(2) 重视实施效果评估，轻视建设过程监督

乡村建设绩效评估多侧重实施效果评估，判断建设实施取得了什么样的成就，以及目标的实现付出了怎样的代价，即乡村建设的效果、效率及效用。然而对乡村建设进程和考核监督关注较少[9]，忽视乡村建设过程中政府管理、设施投入、资源利用和建设进度等内容，影响制约了乡村建设绩效评估的实效性。乡村建设是中长期工程，我国地方政府在制定乡村建设行动方案时，一般按照10～15年的时间统筹安排，因此针对建设过程和进度的评估至关重要。

(3) 强调事实一致性，忽视公众价值取向

大量乡村建设绩效评估的研究成果多强调事实一致性，一般采用前后对比分析法评判建设现状是否实现了预期目标或目标的实现程度如何。在评估过程中较少考虑公众对乡村建设的满意程度，忽视乡村建设对城乡统筹和社会公平的推动作用。此外，从乡村建设的评估主体来看，我国多以政府部门或科研机构为主，农民主体对乡村建设绩效评估的参与性不足。农民是乡村建设的直接参与者和最终享受者，其价值评判和满意度认知应是乡村建设绩效评估体系中必不可少的内容。

3.1.2 综合绩效评估的框架优化

在优化完善乡村建设绩效评估框架之前，首先，有必要明确乡村建设绩效的评估目的、评估对象和评估内容，对相关概念进行辨析。乡村建设绩效是评估主体在一定的时空范畴下，采用相关的评估方法对乡村建设的投入和产出情况进行测算，并分析新农村建设的有效性。与乡村建设实施效果略有差异，更加侧重乡村建设过程中各项资源的合理配置。经过十余年的建设，关中地区农村人居环境得到明显改善，乡村建设实施效果良好且显著。然而通过实地考察和定性调研无法判断乡村建设的绩效是否良好，无法判定资源投入是否取得最大化产出，这种情况下需采用定量的数理模型做进一步的测算。其次，乡村建设绩效评估的范畴应为城镇用地之外广阔的乡村地区，并不局限于已编制规划的村庄。部分村庄没有编制相关规划，但

地方政府通过一事一议和专项资金等渠道对村庄道路硬化、安全饮水、环境卫生、村容村貌等进行了大量的资金和设施投入，因此这些未编制规划的村庄理应在此次乡村建设绩效评估的范畴内。最后，在对乡村建设绩效进行评估时，需充分认识到乡村建设具有明显的公共政策属性，是我国统筹城乡发展的重要举措，具有平衡城乡差距和促进社会公平等重要作用。在绩效评估过程中应将农民主体满意度作为评估的重要内容之一，确保其公共价值属性的回归。

最终本研究构建了以过程事实一致性、建设实施绩效和农民主体满意度为主的综合绩效评估体系。对于乡村建设的综合绩效水平来说，过程事实一致性、建设实施效果和农民主体满意度这三大方面同等重要，分别判断乡村建设是否实现预期目标，乡村建设的投入产出效率是否合理，乡村建设的成效是否符合农民主体的价值需求。该综合绩效评估框架具有较强的普适性和推广性，后文将运用此框架对关中地区乡村建设绩效进行综合评估（图3-1）。

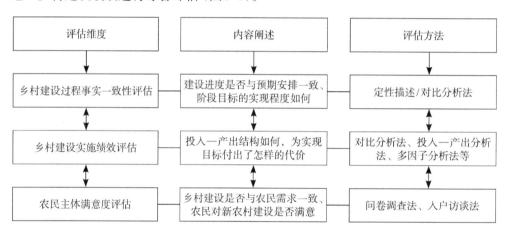

图3-1 乡村建设综合绩效评估的框架分析图

3.2 绩效水平测算

3.2.1 过程事实一致性评估

根据各地区新农村建设实施方案、"国民经济和社会发展第十一个五年规划"（简称"十一五规划"）、"十二五规划"和统计公报等相关文件，本书采用对比分析法对乡村建设的过程事实一致性进行评估，将预期目标和实际建设情况进行比较，从而判断关中地区乡村建设是否实现了其阶段性预期目标。如《西安市建设社会主义新农村行动纲要（2006—2020）》明确要求通过10～15年的努力，按照"三步走"战略，使全市村庄基本实现"经济社会繁荣，群众生活安康，村容村貌整洁，乡风民风文明，公共服务配套，村务管理民主，人与自然和谐"的目标[10]。通过相关指标量化评估后发现关中地区乡村建设结果不甚理想，部分预期目标并未实现。如西安市预期至2015年农村人均纯收入达到15500元以上，而实际水平仅为14072元。此外，从内容来看，义务教育和新型农村合作医疗的完成效果较好，各地区基本上均超额完成。然而农村垃圾无害化处理、节水灌溉条件、农业产业化发展等实施效果相对滞后（表3-1）。

关中地区乡村建设预设目标的实现情况　　　　　　　　表3-1

地区	细化指标	是否实现
西安市	90%的农户参与产业化经营	否
	新型农村合作医疗普及率达到80%	实现
	80%的适龄劳动力接受劳动技能培训	否
	每个村都有农村经纪人，合作社农户参与率达到90%以上	否
	村民对村务公开、民主管理满意率达到85%以上，对两委会班子满意率达到80%以上	否
	"十一五"期间，选择基础较好的1000个行政村率先启动新农村建设	超额完成
	到2010年，建立500个专业合作经济组织，覆盖全市60%以上的农户	否
	"十二五"期间，启动1500个村全面建设	超额完成
	到2010年，毕业生升入高中阶段的比例达到90%	实现
	2013年启动建设30个左右新型农村社区项目	实现
	高陵区力争2015年将全县88个行政村建设成为32个新型农村社区	否
	农村居民人均纯收入到2015年达到15500元以上	否（2015年为14072元）
	到2015年，省级现代农业园区达到20个以上	否（实际为18个）
咸阳市	2010年农民人均纯收入达到3500元	实现
	2010年新型农村合作医疗制度覆盖面达到85%以上	实现
	2010年全市粮食面积稳定在600万亩，总产保持在180万吨以上	实现
	到2010年全市蔬菜面积达到120万亩，总产360万吨	未实现（实际为338.5）
	到2010年全市城镇化水平达到45%左右	未实现（实际为41%）
宝鸡市	到2010年，确保全市农民人均1.5亩基本农田	实现
	全市森林覆盖率提高到52%以上	实现
	全市农民参合率力争达到90%以上	实现

续表

地区	细化指标	是否实现
宝鸡市	到2010年，小学适龄儿童入学率100%	实现
	到2010年，全市广播电视人口综合覆盖率达到100%	未实现
	至2010年行政村有线电视通网率达到80%，入户率达到50%以上	未实现
铜川市	至2010年，乡镇供水入户率达到70%	未实现（实际为67%）
	力争到2010年改厕普及率达到75%以上	未实现（实际为62%）
	2015年，森林覆盖率达到50%	未实现（实际为46.5）
	2015年，建成新农村重点示范村150个	实现
	2015年，高中毛入学率达到95%以上	实现
	2015年，乡镇和社区文化站的覆盖率达到100%	实现
	2015年，农村自来水入户率达到80%以上	实现
渭南市	2015年农民人均纯收入达到10000元左右	未实现（实际9362元）
	2015年高中阶段教育毛入学率达到95%	未实现（实际92.27%）
	2015年，肉、蛋、奶产量分别达到80万吨、15万吨和100万吨	未达到
	每镇有1所公办中心幼儿园，每个行政村建有幼儿园（班）	未实现
	2015年耕地保有量为860万亩	实现

注：资料来源：根据相关政策文件和统计公报整理。

总的来说，关中地区乡村建设的部分目标未实现，尤其表现在农村垃圾无害化处理、节水灌溉条件、农业产业化发展等方面。

3.2.2 建设实施绩效的评估

实施绩效评估侧重从投入—产出视角对关中地区乡村建设的有效性进行测算，分析其投入—产出结构是否合理，资源投入是否实现了最大化的产出。针对建设实施绩效的测算，学界积累了较为丰富的研究成果。本书在借鉴现有成果的基础上，选择应用性较广、操作性较强、适用性较好的数据包络分析模型来刻画关中地区各区县乡村建设的绩效水平。

1）评估方法选择

乡村建设实施绩效评估的方法模型大体可分为参数化和非参数化两大类，其中DEM数据包络分析法是非参数化模型的典型代表，SFA随机前沿分析法是参数化模型的代表，这两种方法应用范围均较广泛[11]。此外较常用的绩效评估方法还有主成分分析法、综合因子加权分析法、对比分析法、成本效益分析法、人工神经网络模型、非期望产出模型（SBM）、结构模型和模糊综合评估法等。在实际操作过程中，为了尽可能地提高测算结果的精度，部分学者往往将多个模型结合使用，如将BCC模型与SFA模型结合形成的三阶段DEA模型[12]，或者将DEA模型与SBM模型结合使用[13]。

（1）常见模型

①传统DEA模型

数据包络分析模型（简称DEA）是目前绩效评估应用中最常见的评估方法，是1978年著名运筹学家查恩斯（A. Charnes）、库珀（W. W. Cooper）和罗德（Rhodes）等在"相对效率评价"概念的基础上发展起来的。从最初的基本模型CCR不断完善和发展，现有BCC模型、FG模型、ST模型、CCGSS模型、具有无穷多个DMU的半无限规划的CCW模型、1987年魏权龄和黄志民得到的"偏好锥"CCWH模型[14]以及2000年以来网络DEA模型等。DEA模型以效率为基础，是处理多输入和多输出同类型决策单元的有效方法。把每一个评价单位作为决策单元（DMU），由众多DMU构成评价群体，通过对DMU的输入/输出的观察值来估算有效生产的前沿面，并以此进行多目标效率评价。DEA模型主要运用技术效率（Technical Efficiency）和规模效率（Scale Efficiency）以及二者结合的综合效率（STE）来衡量输出结果的有效性。

因对指标的量纲无要求，操作方便，且适用于多投入多产出体系等特点，DEA模型得到广泛应用。传统DEA模型是相对而言的，主要指CCR和BCC模型。CCR模型是规模收益不变情况下，专门用来评判决策单元是否同时为技术有效和规模有效，相对效率指数表示综合水平。BBC模型是在规模收益可变的情况下，专门用来判断决策单元是否为技术有效。联合使用CCR和BBC模型可以得到"整体效率"对"技术效率"和"规模效率"的分解公式[15]。普通DEA模型得到的是相对效率，只能估算生产前沿边界上或以内的效率值，无法对生产前沿边界外的效率值进行测算。因此有些学者运用超效率DEA模型对环境影响[16]、能源效率等进行绩效评估[17]。

②随机前沿分析

随机前沿分析方法于1977年提出，该模型允许技术无效率的存在，将外部环境因素和统计误差从效率值中剔除，使测算结果更加贴近实际情况，因此得到广泛应用[18]。随机前沿分析模型可以表达为：$y=f(x;\beta)*\exp(v-u)$，其中y代表产出，x表示一组投入，β为一组待定的矢量参数。SFA模型创新性的引入复合误差结构，其中v为随机干扰项，服从$N(0,\sigma_v^2)$分布。u用以表示那些仅仅对某个个体所具有的冲击。因此个体的技术效率可用$TE=\exp(-u)$来表示，若$u=0$，则个体处于生产前沿面上；若$u>0$，则说明处于非技术效率状态[19]（图3-2）。

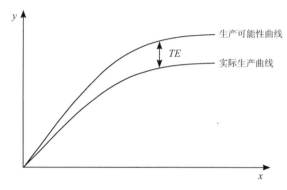

图3-2 技术效率示意图

注：图片来源：何枫，陈荣，何炼成.SFA模型及其在我国技术效率测算中的应用[J].系统工程理论与实践，2004.

③非期望SBM模型

传统DEA模型无法考虑松弛变量对效率值的影响，难以对负面产出（或坏产出）和投入松弛问题恰当处理，导致效率值出现偏差。2001年Tone K在DEA模型的基础上，提出了一种非径向的DEA模型，即基于松弛变量的超效率DEA模型（Slacks-based Measure，简称SBM模型）[20]。目前该方法在生态环境、低碳减排、农业发展等领域得到广泛应用，有效考虑了投入松弛和负面产出等，减小效率值的系统误差。此外在SBM的基础上有些学者提出超效率SBM模型，它不仅可以处理非期望产出问题，而且能够更加精确地区分决策单元的效率值。例如当使用BCC模型得到多个决策单元处于有效状态，即效率值为1，超效率模型能够进一步对这多个决策单元进行区分。

④结构方程模型

结构方程模型，也被称为"协方差结构分析""线性结构方程"等。20世纪70年代中期，瑞典统计学家Karl G. Joreskog提出结构方程模型的初步概念，至今结构模型已经广泛应用于经济学、心理学、管理学等领域[21]。结构方程模型的方法思路是通过大量客观数据，寻求变量之间的方向路径，假设并模拟因子之间的因果关系，验证其合理性及确定影响作用的大小，最终得到与现实情况较为吻合的最具同构性的统计模型。结构方程模型不能导出因果关系，而是对预设的因果关系进行检验[22]。为寻求普遍的因果关系，结构方程模型对样本数量的要求往往较高。

（2）比较分析

数据包络分析法、三阶段DEA模型、非期望SBM模型及结构方程模型等方法在绩效评估领域应用较普遍，各模型方法有其假设条件、适用范围及局限性。选择适宜的模型，尽可能真实地模拟现实环境，对提高研究对象的测量准确性至关重要。

DEA模型在效率评估方面具有明显的优势，只需设定投入指标和产出指标，采用"黑箱"操作，无需对投入和产出之间的复杂关系进行阐述，适用于多投入多产出的绩效评估，逻辑简单且操作性较强[23]。SBM模型充分考虑了非期望产出的问题，有效提高效率值的准确度。结构方程模型主要通过分析潜在变量之间的线性关系，从而对各要素之间的因果关系进行检验，可分析各变量之间的结构关系、影响机制和作用力大小。在社会学、管理学、行为学等领域应用较广，集中研究绩效、满意度、竞争力、影响因素等关键内容。

从评估深度和准确性来说，绩效评估模型分为三个层次。第一层次的评价模型较为简单，对评估内容进行初步评估，如对比分析法、指标列举法等。第二层次的评估模型在基本指标的基础上，扩大产出的范畴边界，增加收益的内容描述，如常见的逻辑框架模型、成本—效益分析模型等。第三层次的模型较为复杂，从研究对象的投入和产出两方面考虑，对绩效水平进行深入测算[24]。同时分析并挖掘影响效率的因素及其之间的相互作用。常用的有模糊综合评估法、数据包络分析评估法（DEA）、经济—效益—效率模型、人工神经网络模型、非期望产出分析（SBM）、结构模型等。

（3）模型选定

关中地区乡村建设具有多投入和多产出的特点，同时投入和产出内部系统复杂多变，无法对其内部转变过程进行量化和测算。故本书拟选择数据包络分析方法中的BCC、超效率SBM模型对关中地区乡村建设相对绩效进行评估。

①BCC模型

假设有n个决策单元（DMU），每个决策单元都有m种类型的输入/投入，以及S种类型的输出/产出，那么这n个决策单元的投入数据和投出数据分别为x_{ij}和y_{rj}表示。其中 $i=1$，…，m，表示投入指标；$r=1$，…，s，表示产出指标；$j=1$，…，n，表示决策单元。$m \geqslant 1$，$s \geqslant 1$。x_{ij} 为第 j 个决策单元（即 DMU_j）的第 i 种投入量，y_{rj} 为 DMU_j 的第 r 种产出量（图3-3）。

$$\begin{array}{cc} & \begin{array}{cccc} DMU_1 & DMU_2 & \cdots & DMU_n \end{array} \\ \begin{array}{cc} v_1 & 1 \\ v_2 & 2 \\ \vdots & \vdots \\ v_m & m \end{array} & \left[\begin{array}{cccc} x_{11} & x_{12} & \cdots & x_{1n} \\ x_{21} & x_{22} & \cdots & x_{2n} \\ \vdots & \vdots & & \vdots \\ x_{m1} & x_{m2} & \cdots & x_{mn} \end{array}\right] \\ & \left[\begin{array}{cccc} y_{11} & y_{12} & \cdots & y_{1n} \\ y_{21} & y_{22} & \cdots & y_{2n} \\ \vdots & \vdots & & \vdots \\ y_{s1} & y_{s2} & \cdots & y_{sn} \end{array}\right] \begin{array}{cc} 1 & u_1 \\ 2 & u_2 \\ \vdots & \vdots \\ s & u_s \end{array} \end{array}$$

图3-3　决策单元"投入—产出"示意图

由于决策单元需要达到一定的产出量，投入量作为影响乡村建设行为的关键决策变量较易控制[25]。因此本研究选择规模收益可变（Variable Returns Scale，简称 VRS）假设下投入导向型 BCC 模型对关中地区乡村建设绩效进行测算。BCC 模型可表示为：

$$\text{s.t. } \min[\theta - \varepsilon(e^T s^- + e^{\wedge T} s^+)]$$
$$\sum_{j=1}^{n} x_{ij}\lambda_j + S^- = \theta x_{j0}$$
$$\sum_{j=1}^{n} y_{rj}\lambda_j - S^+ = y_{j0}$$
$$\sum_{j=1}^{n} \lambda_j = 1$$

其中 $i=1$，…，m，表示投入指标；$r=1$，…，s，表示产出指标；$j=1$，…，n，表示决策单元。m 和 r 分别为投入和产出变量的数量，n 表示决策单元个数。x_{j0} 和 y_{j0} 分为表示第 j_0 个决策单元的投入和输出向量。λ_j 为投入和产出指标的权系数，ε 为非阿基米德无穷小，S^- 表示投入松弛变量，S^+ 表示产出松弛变量。$m \geqslant 1$，$s \geqslant 1$，$\lambda_j \geqslant 0$，$j=1$，…，n；$S^- \geqslant 0$；$S^+ \geqslant 0$；θ 无限制。若 $\theta=1$，且 $S^+=S^-=0$，则决策单元 DEA 有效。若 $\theta=1$，且 $S^+ \neq 0$ 或 $S^- \neq 0$ 时，则决策单元为弱 DEA 有效。若 $\theta<1$ 时，表示决策单元非 DEA 有效。

②超SBM模型

有时使用BCC模型进行测量时会出现多个决策单元效率值为1的情况，在多个决策单元都为有效的情况下，无法对其进行进一步区分[26]。超效率SBM模型结合了超效率DEA（supper-efficiency data envelopment analysis）和SBM模型的优势，能够恰当处理非期望产出，同时实现了对所有效率值大于1的决策单元的区分[27]。假设有n个决策单位，每个决策单元由m个投入和s个输出。在VRS条件下的SBM超效率模型为：

$$\min \rho_{SE} = \frac{1 + \frac{1}{m}\sum_{i=1}^{m}\frac{s_i^-}{x_{ik}}}{1 - \frac{1}{s}\sum_{r=1}^{s}\frac{s_r^+}{y_{rk}}}$$

$$\text{s.t.} \quad \sum_{j=1, \neq k}^{n} x_{ij}\lambda_j - s_j^- \leq x_{ik} \quad i=1, 2, \cdots, m$$

$$\sum_{j=1, \neq k}^{n} y_{rj}\lambda_j + s_r^+ \geq y_{rk} \quad r=1, 2, \cdots, q$$

$$j=1, 2, \cdots, n; j \neq k$$

其中ρ为效率值，λ为包络乘数，x_k和y_k为第k个决策单元的投入向量和产出向量。x_i和y_r分别为第i中投入要素和第r种产出要素。s_j^-和s_r^+分别为松弛投入和松弛产出[28]。

2）指标体系构建

在选择指标时应按照科学性、可比性、可操作性原则，选取与乡村建设高度相关的指标。同时尽量避免选择相关性较高的指标，减少交叉重叠和重复测算带来的偏差。所选指标应具有可比较性，以便进行各决策单元的横向和纵向比较，从而了解和把握关中地区乡村建设的空间差异格局和变化趋势。此外，受模型方法和统计数据的局限性，评估过程应确保指标数据易采集，评估方法易于掌握和操作。受重城轻乡思路的影响，我国乡村地区的统计数据极为困乏，且难以获取，增加了学者对乡村地域研究的难度。因此本书在指标选取上高度重视可操作性，尽量选择易获取、易量化、易操作的指标体系。

国内从投入—产出视角出发对农业生产效率、农村土地集约利用、农村公共服务水平和财政收支等内容进行绩效评估的成果较为丰富，如有些学者对农业生态效率进行评估时，选择农作物播种面积、农业机械总动力、化肥使用折纯量、农林牧副渔总产值等投入—产出指标[29]。部分学者选择粮食总产量、耕地面积、劳动力人数等指标对西部欠发达地区农业生产效率进行评估[30]。一般来说，投入产出指标体系数量往往不会太多，大约在3～8个指标之间，而且选取的指标往往具有很强的针对性，与研究内容高度相关。通过对关中地区大量村庄的实际调研，发现村庄道路硬化、环境卫生、农家书屋、卫生室、活动广场等设施配套较为完善，且各区县建设水平差别不大，所以在投入产出体系中并未设置相关指标。借鉴现有研究成果，结合关中地区实际情况，经过综合考虑，本研究将选择农林水事务支出、播种面积和农业人口等指标反映关中地区乡村建设的投入部分。同时选择农林牧副渔总产值、粮食产量、省级农民专业合作社和认定家庭农场数量等指标反映产出部分（表3-2）。

关中地区乡村建设实施绩效的评价指标体系 表3-2

指标	细化指标	单位	内涵阐述
投入	农林水事务支出1	万元	主要包括农业支出（技术推广、农业生产资料和技术补贴）、林业支出（森林培育、林业产业化等）、水利支出（农田水利、农村人畜饮水等）、扶贫支出（农村基础设施建设、生产发展等）、农业综合开发支出等
	播种面积2	公顷	描述农作物实际耕种面积，反映农村生产发展情况
	农业人口3	人	一定程度上反映乡村地区劳动力的投入量
产出	农林牧渔业总产值1	万元	以货币表现的农、林、牧、渔业全部产品的总量，它反映一定时期内农业生产总规模和总成果
	粮食产量2	吨	对粮食种植结果的描述，反映农业产出的指标
	省级一村一品示范村数量3	个	关中地区以"一村一品"抓手，投入大量资金、人才和技术，示范村数量可用来衡量乡村产业化和产品特色化的发展状况
	省级认定家庭农场数量4	个	家庭农场是农业规模化经营的重要形式，该指标可衡量关中地区各区县农村土地规模化经营情况

3）实施绩效测算

关中地区包括西安市、渭南市、宝鸡市、铜川市、咸阳市和杨陵区，共54个县（市、区）。本研究重点考察关中地区乡村建设情况，因此剔除未央区、莲湖区、新城区、雁塔区、碑林区、灞桥区6个城市建成区，仅对关中地区48个县（区）进行测算，即共有48个测算单元。数据分别来自于《中国区域统计年鉴》、《陕西省统计年鉴》、《陕西区域统计年鉴》、《西安市统计年鉴》、《宝鸡市统计年鉴》、《渭南市统计年鉴》以及各市、区、县国民经济和社会发展统计公报和部分区县统计年鉴等。

首先利用SPSS软件对各投入和产出指标进行Pearson相关性分析，各相关系数为正，说明指标数据可行（表3-3）。之后利用DEA相关软件对关中地区48个县市区的投入产出数据进行BCC模型分析,运算结果显示有效的决策单元24个,分别为杨陵区、阎良区、临潼区、长安区、合阳县、礼泉县等。无效决策单元24个,分别为蓝田县、乾县、澄城县、宜君县等(表3-4)。从评估结果的空间分布来看,大部分有效单元集中在渭河平原,而关中北部和东部乡村建设绩效滞后,多为无效状态(图3-4)。同时,关中地区乡村建设绩效的平均得分为0.9左右,处于无效状态,由此看出关中地区乡村建设的绩效水平一般,仍需进一步提升和优化。

投入产出指标相关性分析　　　　　表3-3

编号	项目	(I)1	(I)2	(I)3	(O)1	(O)2	(O)3	(O)4
(I)1	Pearson 相关性	1	.804**	.790**	.466**	.771**	.663**	.275
	显著性(双侧)		.000	.000	.001	.000	.000	.059
	N	48	48	48	48	48	48	48
(I)2	Pearson 相关性	.804**	1	.849**	.462**	.969**	.712**	.300*
	显著性(双侧)	.000		.000	.001	.000	.000	.038
	N	48	48	48	48	48	48	48
(I)3	Pearson 相关性	.790**	.849**	1	.422**	.837**	.771**	.115
	显著性(双侧)	.000	.000		.003	.000	.000	.435
	N	48	48	48	48	48	48	48
(O)1	Pearson 相关性	.466**	.462**	.422**	1	.474**	.497**	.011
	显著性(双侧)	.001	.001	.003		.001	.000	.940
	N	48	48	48	48	48	48	48
(O)2	Pearson 相关性	.771**	.969**	.837**	.474**	1	.751**	.283
	显著性(双侧)	.000	.000	.000	.001		.000	.051
	N	48	48	48	48	48	48	48
(O)3	Pearson 相关性	.663**	.712**	.771**	.497**	.751**	1	.260
	显著性(双侧)	.000	.000	.000	.000	.000		.075
	N	48	48	48	48	48	48	48
(O)4	Pearson 相关性	.275	.300*	.115	.011	.283	.260	1
	显著性(双侧)	.059	.038	.435	.940	.051	.075	
	N	48	48	48	48	48	48	48

**. 在 .01 水平(双侧)上显著相关。
*. 在 0.05 水平(双侧)上显著相关。

关中地区各区县乡村建设实施绩效的有效性情况　　　　表3-4

效率类型	数量	区县单元
有效	24	杨凌区、阎良区、临潼区、长安区、富平县、高陵区、王益区、临渭区、旬邑县、永寿县、礼泉县、岐山县、泾阳县、太白县、秦都区、蒲城县、户县、淳化县、三原县、凤翔县、宜君县、扶风县、眉县、凤县
无效	24	陇县、渭城区、周至县、大荔县、千阳县、白水县、陈仓区、渭滨区、麟游县、长武县、乾县、兴平市、华州区、华阴市、金台区、武功县、潼关县、蓝田县、彬县、印台区、澄城县、合阳县、韩城市、耀州区

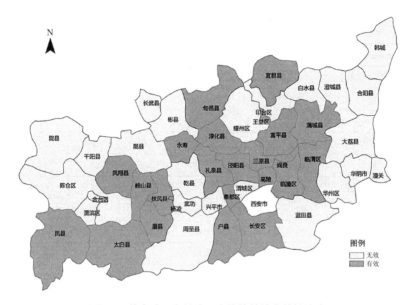

图3-4　关中地区乡村建设实施绩效的有效性分布

从技术效率、规模效率和综合效率值的测算结果来看，杨陵区、阎良区、高陵区、临渭区、礼泉县、岐山县、凤县等14个区县乡村建设绩效达到DEA有效，即该类区县乡村建设的投入和产出比例较为合理，效率达到了相对最优。综合效率没有达到1说明其规模和投入、产出不相匹配，即属于非DEA有效。从规模效率状态角度来看，麟游县、兴平市、潼关县、王益区、金台区等呈规模递增状态，说明随着建设规模的增加，整体效率将有所提升（表3-5）。

BCC模型对有效决策单元无法进行进一步区分，因此在此基础上采用超SBM模型优化计算方法，测算关中地区各区县乡村建设绩效格局。针对24个有效决策单元，从测算结果来看太白县乡村建设的效率值1.476最高，说明太白县在新农村建设投入产出资源配置方式较为合理，然而并不说明该县乡村建设的实际水平较

关中地区乡村建设绩效测算结果（2014年）　　　　表3-5

DUM	纯技术效率 VRS	规模效率 SCA	综合效率值 CRS	规模效率状态 RTS
杨陵区	1	1	1	
阎良区	1	1	1	
高陵区	1	1	1	
临渭区	1	1	1	
旬邑县	1	1	1	
永寿县	1	1	1	
礼泉县	1	1	1	
岐山县	1	1	1	
凤县	1	1	1	
淳化县	1	1	1	
太白县	1	1	1	
秦都区	1	1	1	
眉县	1	1	1	
宜君县	1	1	1	
扶风县	1	0.9452199	0.9452199	drs
陇县	0.9529443	0.97062	0.924955883	drs
泾阳县	1	0.908524	0.908524258	drs
凤翔县	1	0.9034578	0.9034578	drs
麟游县	0.8877489	0.994878	0.883201996	irs
渭城区	0.937333406	0.9220766	0.864293264	Irs
千阳县	0.904034697	0.9431407	0.852631951	drs
长武县	0.868501517	0.9798391	0.85099183	drs
临潼区	1	0.8430354	0.843035439	drs
兴平市	0.846020374	0.9999603	0.8459868	irs
白水县	0.89864279	0.9393041	0.844098939	
武功县	0.814980354	0.9996483	0.8146938	
户县	1	0.779979	0.779979	drs
三原县	1	0.7506369	0.750636978	drs
华阴市	0.821180655	0.9064441	0.7443519	irs
长安区	1	0.7302372	0.7302372	drs
陈仓区	0.897124814	0.8272056	0.7421067	drs

续表

DUM	纯技术效率 VRS	规模效率 SCA	综合效率值 CRS	规模效率状态 RTS
华州区	0.830717889	0.8621961	0.716241762	drs
富平县	1	0.6962187	0.6962187	drs
蒲城县	1	0.6876897	0.687689754	drs
彬县	0.689659646	0.995975	0.686883781	
乾县	0.848091111	0.8082434	0.6854641	drs
大荔县	0.908424064	0.7486828	0.680121545	drs
周至县	0.916481069	0.7388128	0.67710802	drs
澄城县	0.650552516	0.9923403	0.645569504	
渭滨区	0.896250253	0.7160440	0.6417547	irs
潼关县	0.710886547	0.8950954	0.6363113	irs
合阳县	0.643687346	0.9641472	0.6206094	
蓝田县	0.698218708	0.8471279	0.591480603	drs
韩城市	0.628555967	0.9294635	0.584219882	
印台区	0.656044275	0.8567032	0.562035231	drs
耀州区	0.546336145	0.9995692	0.546100827	
王益区	1	0.4989818	0.498981867	irs
金台区	0.818575398	0.5931979	0.485577219	irs

注：其中irs表示规模效益递增，drs表示规模效益递减。

高。其次凤县、王益区、高陵区、临渭区、杨陵区紧随其后，相对效率值较高。阎良区、长安全、淳化县、临潼区、扶风县、户县等绩效值略高于1，处于有效边缘（表3-6）。

关中地区乡村建设绩效 SUPER SBM 模型测算结果　　　　表3-6

排序	区县	效率值	排序	区县	效率值	排序	区县	效率值
1	太白县	1.4762383	7	永寿县	1.2147484	13	岐山县	1.073543
2	凤县	1.3834129	8	礼泉县	1.1661472	14	凤翔县	1.0595906
3	王益区	1.3778091	9	眉县	1.1610615	15	泾阳县	1.0589493
4	高陵区	1.3643819	10	宜君县	1.1199365	16	秦都区	1.0577848
5	临渭区	1.2421414	11	富平县	1.1123836	17	旬邑县	1.0335592
6	杨凌区	1.2348327	12	三原县	1.092357	18	阎良区	1.0168808

续表

排序	区县	效率值	排序	区县	效率值	排序	区县	效率值
19	长安区	1.0139605	29	白水县	0.7041277	39	乾县	0.4069353
20	淳化县	1.0044232	30	华州区	0.606518	40	潼关县	0.3792813
21	临潼区	1.0036171	31	澄城县	0.5705056	41	蓝田县	0.3768553
22	扶风县	1.0034345	32	彬县	0.5609527	42	印台区	0.3477984
23	蒲城县	1.0015878	33	渭滨区	0.5575839	43	渭城区	0.3019337
24	户县	1.0011496	34	合阳县	0.5284342	44	金台区	0.3011392
25	陇县	0.8125545	35	麟游县	0.4846827	45	长武县	0.2815591
26	兴平市	0.7530578	36	韩城市	0.4742927	46	周至县	0.2239505
27	大荔县	0.7381869	37	陈仓区	0.4732994	47	武功县	0.2175221
28	千阳县	0.70591	38	耀州区	0.4459078	48	华阴市	0.208601

整体来看，关中地区乡村建设的实施绩效一般，约50%区县的绩效值小于1，处于无效状态，乡村建设的投入—产出结构有待进一步优化，政府管理行为有待进一步完善。

3.2.3 农民主体满意度评估

为初步了解关中地区农民主体对乡村建设的满意度情况，同时考虑人力和财力等因素，本研究针对农民群体随机发放约600份问卷，回收率为85.83%，基本覆盖各个年龄段和职业。问卷收集结果一定程度上反映了关中地区乡村建设的实际效果以及农民对乡村建设的满意度情况。

针对农民主体对乡村建设的满意度情况，统计分析发现约24.08%的人对乡村建设持无所谓态度，认为乡村建设对其并没有太大的影响。持不支持观点的农民约占4.85%，比重相对较小。大多数农民对关中地区乡村建设战略表示支持，约占71.07%（图3-5）。此外，统计农民对乡村建设的满意度发现，51.26%的农民对关中地区乡村建设成果较为认可，16.50%的农民感到不太满意，3.88%的农民持非常不满意的态度，认为乡村建设政策相对惠民，然而实际操作效果欠佳，结果差强人意（图3-6）。

分析农民主体对乡村建设各项内容实施效果的满意程度。结果发现农民对住房条件、医疗服务、道路交通和夜晚照明等建设效果较为满意，而对文体设施、农村养老、安全饮水和排水系统的满意程度不高。其中针对排水系统、农村养老和安全

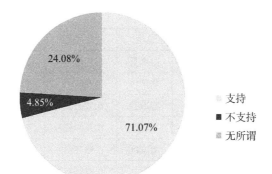

图3-5 农民对乡村建设的态度

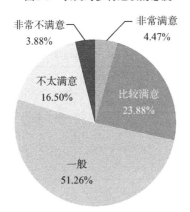

图3-6 农民满意度分析

饮水等内容,不满意的比重分别高达40.38%、52.62%和52.62%。由此可见,关中地区乡村建设已取得一定成效,今后应加快建设内容和思路方向的调整,重视农村养老、安全饮水和排水系统等要素的投入(表3-7)。

关中地区农民对乡村建设各项内容满意度的比重统计(单位:%)　表3-7

内容	非常满意	比较满意	一般	不太满意	非常不满意
住房条件	7.77%	28.74%	48.16%	10.87%	4.47%
文体设施	2.72%	11.46%	42.52%	30.29%	13.01%
医疗服务	6.60%	40.39%	40.58%	10.49%	1.94%
村巷绿化	6.99%	15.53%	42.72%	25.63%	9.13%
教育状况	6.21%	20.00%	48.16%	19.03%	6.60%
农村养老	5.44%	13.59%	28.35%	39.61%	13.01%
社会治安	6.41%	26.02%	43.88%	19.03%	10.68%
道路交通	4.85%	34.56%	36.70%	17.86%	6.02%

续表

内容	非常满意	比较满意	一般	不太满意	非常不满意
环境卫生	5.83%	29.90%	40.58%	15.53%	8.16%
安全饮水	5.44%	13.59%	28.35%	39.61%	13.01%
排水系统	4.85%	22.33%	32.43%	27.18%	13.20%
夜晚照明	7.57%	32.82%	32.04%	18.83%	8.74%
村干部服务	6.02%	19.81%	47.18%	19.03%	7.96%
选举公正性	6.60%	13.79%	48.16%	22.14%	9.32%
整体满意度	4.47%	23.88%	51.26%	16.50%	3.88%

3.3 绩效评估结果

本书从过程事实一致性、建设实施效果和农民主体满意度等三方面入手，对关中地区乡村建设的综合绩效进行评估。结果显示关中地区乡村建设综合绩效不甚理想，且地域差异较明显。

3.3.1 综合绩效不甚理想

通过三大方面的综合分析，发现关中地区乡村建设同时存在过程进度缓慢、资源配置失衡和农民满意度欠佳等多重问题，综合绩效不甚理想。首先，部分预期目标并未实现，尤其表现在垃圾无害化处理、节水灌溉、农业产业化等方面。其次，各区县新农村建设的实施绩效一般，50%区县的相对绩效值小于1，处于无效状态。绩效得分平均值为0.9左右，整体表现为投入—产出结构不合理。此外，约20%的农民对乡村建设绩效持不满意态度，认为乡村建设政策非常惠民，然而实际操作效果欠佳，结果差强人意（表3-8）。

关中地区乡村建设综合绩效评估的结果分析　　　表3-8

维度	结果
过程事实一致性评估	部分预期目标并未实现，其中义务教育和新型农村合作医疗的完成效果较好，垃圾无害化处理、节水灌溉、农业产业化等发展滞后
建设实施效果的评估	绝对水平大于50的区县不超过整体的1/3，50%区县的相对绩效值小于1，处于无效状态。此外，80%的无效单元同时存在投入冗余和产出不足的现象，说明关中地区乡村建设存在投入资源浪费、资源配置不合理、资源低效利用和建设管理滞后等多重问题
农民主体满意度评估	51.26%的农民对关中地区乡村建设成果较为认可，16.50%的农民感到不太满意，3.88%的农民持非常不满意的态度

3.3.2 投入产出结构失衡

测算结果显示,关中地区乡村建设存在投入产出结构失衡的现象,投入不足和资源浪费问题同时存在,加剧了新农村建设的难度。从无效单元的投入冗余和产出不足情况来看,华阴县、印台区、王益区等存在产出不足的现象,说明在资源投入不变的情况下通过提高使用及管理效率,可促进产出效益的增加。蓝田县、周至县、陇县、千阳县、麟游县、大荔县和合阳县等存在投入冗余和产出不足双重问题,说明投入产出资源配置结构不合理,既存在要素过度投入,也存在资源利用效率较低的现象,政府建设管理行为亟须优化。从整体情况来看,投入冗余和产出不足并存的现象占无效单元总量的80%以上(表3-9)。

投入冗余和产出不足情况分析　　　　　　表3-9

区县	Excess 1	Excess 2	Excess 3	Shortage 1	Shortage 2	Shortage 3	Shortage 4
DMU	S-(1)	S-(2)	S-(3)	S+(1)	S+(2)	S+(3)	S+(4)
阎良区	0	0	0	0	0	0	0
临潼区	0	0	0	0	0	0	0
长安区	0	0	0	0	0	0	0
蓝田县	2386.0105	0	56166.627	13.388505	0	0	3.3422732
周至县	28628.734	0	268218.44	0	0	0	5.743473
户县	0	0	0	0	0	0	0
高陵区	0	0	0	0	0	0	0
王益区	0	0	0	0	0	0.2333127	0
印台区	0	0	0	0	0	20948.091	3.3161277
耀州区	0	0	19651.002	0	0	40628.928	0.3799883
宜君县	0	0	0	0	0	0	0
渭滨区	0	572.25314	0	0	1334.5255	5229.1376	1.3773466
金台区	0	2095.0393	0	0	0	7808.7333	1.4748028
陈仓区	0	4318.4291	107290.51	0	0	0	3.792509
凤翔县	0	0	0	0	0	0	0
岐山县	0	0	0	0	0	0	0
扶风县	0	0	0	0	0	0	0
眉县	0	0	0	0	0	0	0

续表

区县	Excess	Excess	Excess	Shortage	Shortage	Shortage	Shortage
陇县	0	10350.383	0	0	2751.6362	0	0
千阳县	0	4496.0412	0	0	0	9240.4114	0
麟游县	0	6076.2704	0	0	0	37016.143	1.5559366
凤县	0	0	0	0	0	0	0
太白县	0	0	0	0	0	0	0
秦都区	0	0	0	0	0	0	0
渭城区	0	0	0	27.676138	0	52397.171	6.0741195
三原县	0	0	0	0	0	0	0
泾阳县	0	0	0	0	0	0	0
乾县	13828.909	0	97548.999	0	0	0	2.0454534
礼泉县	0	0	0	0	0	0	0
永寿县	0	0	0	0	0	0	0
彬县	283.74756	0	32209.701	0	0	24659.506	2.549209
长武县	2268.3462	0	0	0	0	0	7.1398508
旬邑县	0	0	0	0	0	0	0
淳化县	0	0	0	0	0	0	0
武功县	0	0	31910.557	0	0	52732.519	8.956056
兴平市	0	0	15844.32	0	0	25194.024	2.111778
临渭区	0	0	0	0	0	0	0
华州区	0	0	9139.8779	0	0	98294.213	0
潼关县	0	1876.1179	0	16.442277	0	69159.971	0
大荔县	7209.4521	0	91042.298	0	0	0	0
合阳县	3851.7946	0	0	0	0	62484.715	2.1635089
澄城县	0	853.99361	0	5.9385184	0	39941.581	0
蒲城县	0	0	0	0	0	0	0
白水县	8080.0133	1472.6637	0	0	54858.391	7926.1304	0
富平县	0	0	0	0	0	0	0
韩城市	14663.824	0	0	7.6436256	19121.125	0	0
华阴市	0	0	0	0	0	61773.877	4.877767
杨陵区	0	0	0	0	0	0	0

3.3.3 空间差异特征明显

从预期目标完成度和投入产出效率情况来看，关中地区乡村建设绩效存在明显的空间差异特征。其中西安和咸阳等中部地区乡村建设进展较快，实施效果较好，农民满意度较高。渭南东部部分县区发展相对滞后，靠近秦岭北麓和渭北旱腰带地区乡村建设进程缓慢，建设实施效果欠佳，这现象与实际情况较为吻合。中部地区地势平坦，以大西安都市圈为依托，经济基础较雄厚，农业产业化水平相对较高，乡村建设情况略为领先。而东部部分区县、南部秦岭北麓和渭北旱腰带地等典型集中连片贫困区，受地方政府财政实力、管理行为、自然地形环境、农业生产条件等因素制约，乡村建设绩效相对滞后。

3.4 本章小结

我国乡村建设绩效评估研究仍处于发展阶段，评估框架体系尚不健全，对建设过程考虑不足，尤其忽视了社会价值和公众参与等要素。因此，本书构建了以过程事实一致性、建设实施绩效和农民主体满意度为主线的乡村建设综合绩效评估体系。本书运用此框架，采用对比分析法、数据包络模型和问卷统计法对关中地区乡村建设绩效的实际情况进行定量测算。结果显示：①部分预期目标未实现，建设成效不甚理想，尤其表现在农村垃圾无害化处理、节水灌溉条件和农业产业化发展等方面。②50%的区县处于相对无效状态，新农村建设存在投入资源浪费，资源配置不合理、资源低效利用和建设管理滞后等多重问题。③农民主体对关中地区乡村建设的满意度一般，16.50%的农民感到不太满意，3.88%的农民持非常不满意的态度。④关中地区乡村建设绩效的地域差异明显，以大西安都市圈为核心的中部地区建设效果明显相对领先，渭南东部部分区县、北部黄土沟壑区和南部部分山区其乡村建设绩效相对滞后。

第四章

关中地区乡村建设绩效的制约因素分析

前文对关中地区乡村建设绩效进行定量评估，分析得知其建设成效不甚理想，资源配置结构有待优化。本章着重探讨影响乡村建设绩效的内外部因素及其作用机制，之后从外部环境、内部因子和规划媒介三方面入手，全面反思关中地区乡村建设绩效的制约因素和问题根源，为后续乡村可持续发展提供思路和优化方向（图4-1）。

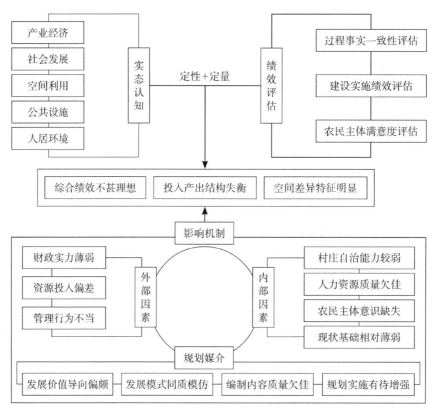

图4-1 关中地区乡村建设综合绩效欠佳的制约因素剖析

4.1 影响机制阐述

乡村建设涉及地方政府、村集体、农民、规划技术人员、企业等多元群体，建设内容覆盖乡村经济、社会、空间、生态等系统要素，故影响乡村建设绩效的潜在因素众多，如地方政府资源投入、建设现实基础、村集体组织管理、农民专业技能等。有学者对浙江省现代农业园区建设绩效的影响因素进行分析，认为资金投入量、建设主体类型、建设主体数量规划、地区自然条件及经济状况等对绩效水平的影响较大[31]。陆晓晖（2011）认为影响土地整理和基本农田建设资金绩效的因素主要涉及地区自然环境、规划科学性、实施管理水平、后期维护情况、农民意愿行为、土地制度等[32]。部分学者对村镇建设标准实施绩效的影响因素分析后发现，其涉及实施主体、政府监管、体制建设、村镇基础条件等方面[33]。从国内研究进展来看，直接阐述乡村建设绩效影响因素的成果相对较少，但相关研究成果比较丰富。总的来看，建设绩效的影响因素涉及建设参与主体（政府、农民、农民专业合作社、企业）、资金投入、地区现状基础（自然环境、经济实力、现状问题等）等方面。

本书从内外作用机制入手，借鉴现有研究成果，将乡村建设综合绩效的影响因素分为外部因子、内部因子和技术媒介三大部分，这三大部分相互作用并共同影响新农村建设的综合绩效水平（图4-2）。

1）外部因素

乡村建设综合绩效受地方政府财政实力、资金投入结构、政府管理机制、政府政策文件、涉农龙头企业数量及规模、农村土地制度等外部因素的影响。其中财政实力愈强、投入结构愈合理、管理机制愈健全，乡村建设的综合绩效愈好。良好的政策环境和管理机制能够极大地推动乡村建设的进程，如西安市编制的《西安市建设社会主义新农村行动纲要（2006—2020）》和陕西省出台的《关于全面改善村庄人居环境持续推进美丽乡村建设的意见》等政策文件为关中地区乡村建设提供了整体思路和内容方向，有助于督促基层政府加大对乡村建设的关注。同时将基础设施和公共服务设施配套、规模化经营主体数量、农用地流转规模等纳入部门考核体系中，鼓励引导关中地区乡村建设的快速发展。此外，国家层面出台《农村土地承包经营权流转管理办法》（2005年）、《中共中央关于推进农村改革发展若干重大问题

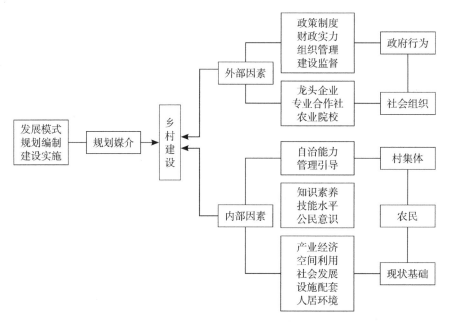

图 4-2　乡村建设综合绩效的影响因素分析

的决定》(2008年)、《关于农村土地征收、集体经营性建设用地入市、宅基地制度改革试点工作的意见》(2015年)等相关政策文件,为乡村建设提供了基本依据。总的来说,外部环境对乡村建设绩效具有重要作用,对于关中地区这类以政府主导推动型的地区尤为显著。

2) 内部因素

影响乡村建设绩效的内部因素包含村委会日常组织管理能力、村委会干部素质、农民知识水平、农村年龄结构、农民技能水平以及地区自然环境和建设现状基础。拥有敢于拼搏且视野宽阔的村干部和村庄能人对乡村建设绩效至关重要,关中地区现有发展势头良好的村庄均得益于村委会的科学引领和积极推进,如袁家村、东韩村、簸箕掌村、周一村、平罗村等。农民的知识和技能专长直接影响家庭收入水平和农业现代化进程,决定其对新农村建设、农用地流转、村庄居民点整合、农民专业合作社、家庭农场等新生事物的接受程度。农民知识水平和专业技能越精通,对乡村建设综合绩效的积极作用越大。在老龄化社会和空心村的宏观背景下,农村人力资源越多,越能保障新农村建设的持续推进。因此农村人口的年龄结构也是影响乡村建设综合绩效的因子之一。此外,地区自然环境和建设现状基础决定了新农村建设的起点,并影响其综合绩效水平,如为实现村庄道路硬化全覆盖,基础条件较好的村庄将比较弱的村庄需要更少的资金投入。

3）规划媒介

规划是统筹安排农村社会、经济、人口和资源等要素的重要手段，是推进新农村建设及其可持续发展的技术支撑。规划文件为政府制定乡村建设方向和资金投入提供依据，明确乡村产业经济格局和村庄土地利用结构，直接影响乡村建设的合理性、针对性和有效性。良好的规划成果应能解决村庄的实际问题，能提高空间的利用效率，提升村庄人居环境，提高公共设施的使用率，确保农民主体的满意度。相反，不合理的规划成果将导致资金、设施和土地等资源的浪费。从阶段流程来看，规划涉及编制和实施两大部分，其中规划编制涉及战略目标、发展模式、内容组织和规划方法等。

4.2 外部因素分析

乡村建设绩效的外部影响因素主要包含政府、涉农企业、农业院校、非盈利社会组织等参与主体，具体涉及政府财政能力、政府组织管理、政府建设监督、龙头企业数量规模、农村政策制度等。政府为乡村建设提供财政支出、技术支撑、设施配套等，资金投入结构的合理性和资源利用的高效性均依赖政府的科学引导。从关中地区乡村建设的实际情况来看，外部环境存在财政实力薄弱、政府管理行为不当、资金投入结构错位、相关政策制度不健全、涉农龙头企业数量有限等问题，制约了乡村建设综合绩效的水平。

4.2.1 财政实力薄弱

关中地区地处西部地区，总体经济实力相对薄弱。乡村建设主要依靠地方政府或国家专项资金的投入扶持，资金来源略显单一且数量总额有限。自财税体制改革以来，财权逐步向上集中，县级财政入不敷出，这种典型的"吃饭"财政必然制约关中地区乡村建设的步伐。2006年取消农业税政策以来，县级财政收支矛盾愈加突出，村级债务问题日益凸显。这种情况在实际调研过程中也得到印证，面向村委会成员发放的问卷结果显示，90%以上的村委会表示村庄建设缺少资金，政府的扶持力度有限，而村集体自身并没有收入来源，导致乡村建设的质量和后期维护难以保证。部分村庄在建设时采用集资或贷款的方式，若村庄建设期间发生不可控事件，将会出现债务累累的状况，严重困扰乡村经济发展和社会稳定。

4.2.2 资源投入偏差

乡村建设初期，关中地区以公共设施配套和环境卫生整治为切入点，在较短时间内极大地改善了关中地区农村的整体风貌。随着乡村建设工作的持续开展，初期的以"四改五通五化"为主的投入结构已不符合关中地区的实际情况。从目前现实情况来看，关中地区乡村建设存在生产性公共设施支出较少，非生产性支出较多，部分建设内容实效性和针对性不强等现象。一方面，通过实际调研和问卷分析得到，农村道路、夜晚照明、便民服务中心、环境卫生等生活型公共设施得到了较大提升。农民主体满意度较高。然而农村养老、安全饮水、田间道路、农田灌溉、乡村旅游等设施则相对滞后，农民主体的满意度不足50%。另一方面，资源投入的针对性不强，未解决地区实际紧迫问题。如北部旱腰带地区缺水问题比较严重，农民亟须相应的饮水工程和农田灌溉设施，而政府却投入大量资金进行墙体粉刷、厕所改建等形象工程，劳民伤财，直接影响乡村建设的进程[34]。此外，各区县为迅速凸显政绩，往往选择经济基础较好、交通条件较好的村庄作为乡村建设示范点，重复投入大量资金，导致村庄建设差异逐步拉大[35]。

4.2.3 管理行为不当

政府处于关中地区乡村建设的主导地位，肩负产业经济发展、社会和谐稳定、空间高效利用、生态环境保护、政治民主自由和乡土文化传承等重任，是乡村可持续发展的直接推动者。资金是乡村建设的前提，各级政府的管理监督则是确保乡村建设绩效良好的核心。投入资源是否得到最大化利用，投入产出结构是否合理，投入要素是否与农村实际需求相吻合，这些均与政府管理行为具有密切关系。从现实状况来看，关中地区政府行为管理存在服务角色错位、重前期投入轻后期跟踪、重面子工程轻民生工程等不足。

首先，关中地区基层政府长期停留于家长地位，包揽一切事务，几乎是全能政府，长期处于超负荷运作，往往顾此失彼，难以集中力量解决主要问题。基层政府的执行角色过重，协调、监督、管理等职能较弱，服务型特征不明显。其次，为追求功绩成效，乡村建设过程中出现了大量形象工程、样本工程和面子工程，大广场、大牌坊、大建筑等状况时有发生，造成投入资源的极大浪费。再次，地方政府多重视前期的资源投入,对建设成效的后期考核和监督管理相对滞后,相关的考核奖惩制度仍有待健全。基层政府多关注项目申报和实施建设,忽视建设内容的后期维护,导致设施的重复投入。通过实际调研发现,这种现象在关中地区较为普遍,如夜晚照明设施、体育器材设施、道路硬化工程、沼气能源工程等,建设初期设施质量较好,村民使用效率较高。然而随着时间的推移,部分设施出现损坏而无人维修,人为地缩短了设施的使用年限,造成了资源的极大浪费,增加了政府的财政负担。最后,部分地区存在滥用职权和以权谋私的现象,挪用部分项目资金,损害农民群众的根本利益。有些村集体以土地增减挂钩和规模化经营为名,强制农户进行土地流转,大面积反租倒包、连片开发,导致农民怨声载道,直接影响关中地区乡村建设的综合绩效。

4.3 内部因素检讨

影响乡村建设绩效的内部因素主要包括村集体自治能力、村干部知识素养、农村人口年龄结构、农民知识文化水平、农民专业技能、地区自然环境、村庄建设基础等。通过实际调研和问卷访谈发现,关中地区村庄自治能力较弱,缺乏自下而上的自主动力,村委会成员平均年龄普遍较大,农民知识文化水平较低,专业技能人才相对短缺,农村老龄化和空心村现象明显,这些现象均制约了乡村建设的综合绩效,不利于乡村可持续发展。

4.3.1 村庄自治能力较弱

20世纪90年代以来,我国形成"乡政村治"模式,其中乡镇政府作为国家农村基层政权,直接管理和促进新农村建设工作。村民委员会作为村级自治组织,由农民群体选举形成,意图充分发挥农民的自主参与意识。然而从关中地区实际情况来看,"乡政村治"模式效果并不显著,受乡镇政府财政约束,村委会行政化趋势日益明显,出现"乡政"和"村治理"合流现象,影响和削弱了村民自治能力,村委会成为政府话语权的直接代表者。村庄自治能力的丧失导致村委会在新农村建设过程中消极的等靠思想明显,村庄建设多遵循上级政府的直接指令,并未自下而上考虑农民的实际需求及村庄的现实问题和核心矛盾,导致政府资源投入错位,最终致使新农村建设产出效果欠佳。

4.3.2 人力资源质量欠佳

人力资源是新农村建设的关键保障，涉及村委会成员和村民两大部分。一方面，村委会成员的知识水平和实际能力对村庄发展具有至关重要的作用，敢于拼搏且思路开阔的干部有机会带领村庄走创新繁荣之路，知识水平有限且思想狭隘的村干部往往消极应对上级政府的指令任务，不过多思考村庄的可持续发展。从关中地区农村调研情况来看：①多数村干部年龄为50岁以上，部分村委会平均年龄在60岁左右，少数村干部为30~50岁的中青年人。②村干部文化知识程度不高，多为小学或初中文凭，对乡村建设的认知程度有限。另一方面，伴随着城镇化的推进，关中地区农村青壮年人口大量外流，农村老龄化和空心村现象明显：①根据调查显示，农村外出就业的劳动力大多数为男性青壮年，部分为夫妻举家外出打工，留在农村的多为老弱妇孺，知识文化水平较低。对于机械化程度较好的地区，粮食生产尚能保证；对于地形条件不好的地区，农田耕种存在问题，广种薄收的现象时有发生，农田撂荒现象逐年增多。中老年人思想观念保守，接受新事物、学习使用新技术的能力较弱，大大削弱了乡村经济发展的活力。②多数农村劳动力并未经过专业的技能培训，存在实用人才分布不均匀、结构不合理等问题，技能型和经营型人才比重较少，导致农业现代化发展后劲严重不足。

4.3.3 农民主体意识缺失

农民是乡村的建设主体、收益主体和价值主体，对乡村建设的成效起着至关重要的作用。然而，当前关中地区多数农民对村庄建设漠不关心，仅仅是乡村建设的被动参与者而非主动的改造者，农民的主体意识缺失，对乡村建设的参与程度不足。一方面，绝大多数农民对乡村建设的概念内涵并不了解。问卷调查结果显示，该比例高达43.56%，9.20%农民表示不知道乡村该如何建设，7.36%的农民对乡村建设持消极态度，认为不会有实际效果。绝大多数农民简单地认为乡村建设就是进行基础设施配套，道路硬化、绿化美化、亮化等工作，认为乡村建设需要政府的投入和建设，与自身并无太多关联，见解较为狭隘。另一方面，受维权能力、知识水平和民主意识等因素的影响，农民参与乡村建设的积极性不高，在整个建设过程中处于配角状态，未能充分表达自己的实际需求和相关建议，导致村庄建设规划的实际指导性较差，部分设施的使用效率较低，最终导致乡村建设的效果不甚理想。

4.3.4 现状基础相对薄弱

关中地区乡村本底状况是影响乡村建设绩效水平的因素之一，如果村庄建设基础雄厚，相应乡村建设的绩效也会较高。通过实地调研发现，目前关中地区乡村建设存在农业粗放化经营、农产品科技含量低、农业现代化滞后、公共设施配置不均衡、部分设施低效使用、空间整合进程缓慢、村庄风貌千篇一律等典型问题，直接影响了关中地区乡村建设的综合绩效。

一是农业现代化进程缓慢。关中地区农业生产仍以传统的家庭联产承包责任制为主，条块分割明显。土地流转现象逐年增加，然而流转规模和实际效益有限。设施农业发展较为滞后，省级现代农业园区数量已达到2700个左右，基本实现了涉农县区的全覆盖。然而从实际效果来看，部分现代农业园区对带动周边经济发展、促进土地规模化经营、调整农业生产方式、增加农产品科技含量等方面的辐射作用有限。二是农村土地利用方式粗放。随着城镇化发展的推进，农村出现耕地荒弃、房屋空置和宅基地闲置等现象，土地利用效率持续偏低。受整合资金不足、运行体制不健全和二元结构束缚等因素影响，农村居民点空间整合进程缓慢。三是公共设施供给失衡，使用效率低下。关中地区公共设施城乡非均衡现象依然明显，各区县公共设施建设水平存在地区差异扩大的趋势，不同类型公共设施的资源投入存在不平衡现象。同时部分设施出现废弃化现象，尤其是文化设施，绝大多数村庄的农家书屋形同虚设，使用率低下，后期维护滞后，造成社会资源的极大浪费。四是农村生态问题依然严峻，传统文化逐步流失。生产方式仍以高投入和高产出为主要特征，农药、化肥和农膜的大量使用引发土壤板结、肥力下降等诸多环境问题。同时千村一面现象较为突出，农村传统民俗和文化遗产逐步丧失。

4.4 规划技术反思

正如前文所述，规划是政府推进乡村建设的重要媒介和技术手段，是指导乡村社会、经济、空间、生态等要素有序发展的依据，对关中地区乡村建设的质量和成效具有至关重要的作用。科学合理的发展模式有助于地方政府正确的把握乡村建设的方向，切合实际的规划成果有助于提高乡村建设的针对性和实效性，有利于提高投入资源的产出效率，直接影响乡村建设的综合绩效。本书对关中地区现行乡村发展的规划体系进行反思，发现其存在价值导向不完善、目标控制不明确、编制内容不完善、规划方法不合理等缺陷和不足。

4.4.1 发展价值导向偏颇

尽管乡村可持续发展已得到社会各界的广泛认知，地方政府在乡村建设过程中也高举可持续发展的旗帜，然而在实际建设过程中，规划价值导向却略显狭隘，仍以物质空间改善和经济产业发展为重，轻视农村生态环境和社会人文风貌，导致关中地区农村社会、经济、空间、生态等系统的协调性欠佳，乡村可持续发展面临挑战。

一方面，农村建设以人工环境整治为重，生态保护成效相对滞后。关中地区对道路硬化、广场配建、夜晚照明、卫生保洁、危房改造等投入大量资源，而对自然生态系统的关注较少。大部分村庄缺乏垃圾无害化处理、清洁能源、污水处理设施等，生活垃圾随意填埋和污水自由排放等现象对农村生态环境造成恶劣影响。同时部分村庄在政绩目标的诉求下，盲目跟风，互相攀比，大广场、大公园、大门面等面子工程、形象工程和样本工程屡见不鲜。部分村庄在发展乡村旅游时以生态环境为代价，随意开凿挖湖，罔顾村庄原有田园山水格局，造成资源的极大浪费。此外，当前关中地区的农业生产方式仍以"产量规模"为导向，以高投入和高产出为主要特征，大量使用农药、农膜等化学物质，无视土壤板结、肥力下降、水土流失、地下水污染等诸多环境问题，可持续农业发展滞后，直接影响农民的身体健康。此外，地方政府对农村水体、山体森林、防护林等重要生态空间的保护力度有限。

另一方面，农村发展以硬件设施配套为先，精神文化传承进展缓慢，呈现典型的"一腿长一腿短"特征。关中地区人文资源丰富，拥有社火、剪纸、地坑窑等灿烂的文化，然而近些年新农村建设对文化保护、风貌传承和精神文明的投入力度较小，传统村落、乡土建筑和非物质文化遗产等遭到不同程度的损坏或消失，村庄特色和差异性特征逐步减弱，地域生活习俗、文化脉络和景观要素逐步丧失，农民对村庄的归属感和文化认同感逐步降低。总的来说，关中地区现行发展价值导向不利于农村各系统的可持续发展，制约了乡村建设的综合绩效水平。如何平衡经济发展与生态保护、物质建设与文化传承是今后关中地区乡村建设必须正确处理的重要内容。

4.4.2 发展模式同质模仿

关中地区在乡村建设初期采用"以点带面、典型示范、逐步推广"的工作思路，一定程度上推动了乡村地区的快速发展。但同时也面临着建设经验的教条化、简单复制和同质化模仿，从而违背了乡村建设的客观规律，忽视村庄的地域特征、人文底蕴和实际问题，导致规划建设内容缺乏针对性和实效性，影响村庄建设的质量和长久可持续发展。

1）轻视乡村地域差异特征

关中地区乡村建设存在统一规划的误区，"统一规划、统一设计、统一实施"的工作思想和方法忽略了不同地区村庄发展的差异性。不同乡村地域类型，其现实问题和核心矛盾亦不同，如北部黄土旱塬自然基底脆弱，生态环境恶劣，居民点布局分散，扶贫致富难度较大；南部秦岭北麓地区生态环境优越，地形条件复杂，人口流失现象明显；渭河平原地势平坦，人口密度较大，村庄规模相对较大，资源利用效率需持续提升。适宜于渭河平原地区的建设模式，其不一定适合于秦岭北麓地区或北部黄土沟壑区。现行的教条式的标准配建模式忽视了这种客观规律，罔顾地区自然资源、经济实力和现实条件，盲目采用同质化的建设模式，导致同等投入资源的产出效果呈现空间差异化特征。因此，本研究在探讨关中地区乡村可持续发展模式时，坚持地域差异性原则，拟构建适宜关中地区的地方模式。

2）罔顾村庄建设核心问题

不同类型的村庄其所处的自然环境和发展阶段不同，其面临的现实问题和核心矛盾亦不同。目前，关中地区村庄建设已形成"四改五通五化"和"六室四配套"等标准化体系，改善了村庄的人居环境和建设风貌，但往往忽视核心问题和关键矛盾，降低了规划建设的针对性。如柏社村和党家村等传统村落面临历史文化遗产保护的问题，村庄发展应着力对空间脉络延续和传统风貌营造等方面进行优先投入和建设。渭北旱腰带地区的村庄面临水资源短缺、水土流失、生态脆弱等多重困境，在村庄建设时应综合考虑其所处的自然环境和地域特征，以节水设施、水土保持和生态保护为重点，而非简单地增加道路、电力等基础设施的投入。随着"拆村并点"和教育设施的撤并，2～3个行政村配置一所幼儿园，3～5个行政村配套一所小学，一个镇配套一所初中，这种配置体系适应于人口密度较大、地形平坦和出行交通便利的地区。而针对地形条件复杂、居民点布局分散且出行条件欠佳的山区或者沟壑区来看，这种配置模式并不适宜。标准化的乡村建设模式忽视了村庄个体的特殊性，使乡村建设效果大打折扣。

3）忽视农村空间尺度特征

前文对乡村建设的尺度特征进行了详细阐述，明确指出其涉及市县等中宏观层面和村庄微观层面。部分内容如重大基础设施配套、自然生态保护、公共服务设施供给、产业经济格局和居民点空间整合等需从区域层面进行统筹和协调，这样才能确保各项资源的高效利用，提高乡村建设的综合绩效。然而从关中地区农村建设的地方实践来看，地方政府未充分意识到乡村建设的空间尺度特性，建设内容和发展模式多针对村庄这一微观尺度单元。乡村建设以行政村为核心载体，配套公共服务设施和基础设施，有利于事权责任的明晰，有利于村庄建设的后期维护和管理。但同时这种聚焦微观尺度的发展模式导致部分规划建设陷于"就村论村"的困境，缺乏全局性战略统筹，不利于提炼和认清地区的主要矛盾和建设重点，不利于乡村资源的全面整合和重组，不利于乡村地区的可持续发展。同时微观层面以单个村庄为载体，规划名称多样，主次地位不明。如部分区县在地方实践过程中，出现了新农村建设规划、新型农村社区规划、美丽乡村建设规划、乡村旅游发展规划、村庄环境整治规划、人居环境提升规划等系列规划类型，部分编制内容存在重复交叉现象，多样化的规划成果给村庄建设带来困扰。

4.4.3 编制内容质量欠佳

规划文本和图纸是乡村建设的直接依据，其内容质量的优劣对建设绩效至关重要。通过查阅关中地区部分新农村规划成果发现，规划文件存在预设目标不明确、实际指导性不强、规划内容尚不全面、偏重物质空间建设、规划方法僵硬单一、适用性仍有待提升等制约因素。

1）规划预设目标不明确，实际指导性不强

为推进新农村建设，西安市、咸阳市和宝鸡市分别制定了《西安市建设社会主义新农村行动纲要（2006～2020）》、《2006～2020年咸阳市建设社会主义新农村发展规划》、《宝鸡市推进社会主义新农村建设规划纲要》等实施方案，渭南市和铜川市并未制定专项方案。整体来看，关中地区各市乡村建设实施方案本身存在以下不足：①建设目标含糊不明确，实际指导性不强。②部分地区建设目标预期略高，导致建设后期过于追求数量规模而忽略建设质量。③对乡村建设实施过程的管控力度较薄弱，重视近期和远期建设，对中期环节的关注度不够。④方案编制存在照搬照抄的现象，内容框架千篇一律，未充分考虑地域差异性。⑤内容框架多侧重目标和建设内容，对实施计划、时间安排、重大工程项目等操作性较强的环节阐述不足。如西安市《纲要》中提到2013年启动建设30个左右新型农村社区项目，并未明确建设状态和完工时间。宝鸡市《推进社会主义新农村建设规划纲要》预期指标多为2010年和2020年，对中期建设目标阐述不足。咸阳市《新农村建设规划》存在照抄照搬的嫌疑，与西安市新农村行动纲要的重复度较高。

2）规划内容尚不全面，偏重物质空间建设

分析关中地区部分村庄规划的编制内容后发现，村庄建设仍较多关注居民点生活空间和农业生产空间，以村庄道路绿化和环境卫生为切入点，不断提升村庄人居环境。而农业面源污染和生态环境保护并未得到高度的重视，农药、化肥、农膜等化学物质使用量仍较大，人工绿化环境与自然生态环境彼此隔离，导致水土流失、森林退化、环境污染等现象层出不穷。

3）规划方法僵硬单一，适用性仍有待提升

关中地区在村庄建设过程中存在统一规划的误区，规划理念简单粗放，布局手法照搬照抄，忽略了不同地区村庄建设的差异性，最终导致关中地区部分村庄传统山—水—田自然景观格局遭到破坏，出现千村一面现象。此外，现有规划师大多积累了丰富的城镇规划建设的经验，而缺乏对乡村地区的深刻认知，村庄规划方法尚不成熟，设计手法和空间组织方式照抄照搬城镇地区，村庄道路简单取直拓宽，原有的巷道空间遭到破坏。村庄的城市化特征凸显，呈现出集中化、城市化、样板化趋势，造成乡愁无处安放的局面。

4.4.4 规划实施有待增强

我国长期存在"重城轻乡"的思想，2005年以前乡村地区的规划编制工作未得到地方政府的关注，历史欠账现象较为突出。因此自乡村建设战略提出以来，地方政府将村庄规划编制完成情况作为政绩考核的指标之一，至此大规模乡村建设规划的编制工作拉开序幕。然而实际工作中，部分地区为政绩考核编制的规划成果最终沦为"墙上挂挂的鬼话"，造成乡村建设投入资金的极大浪费。此外，在关中地区乡村建设地方实践过程中普遍存在"重前期投入，轻动态跟踪"的现象。地方政府对道路硬化、文化站、活动广场、体育健身器材、沼气工程、垃圾收集等投入大量的资金和精力，然而这些设施一经建成，后续维护和监督管理工作却更不上。规划建设实施缺乏相应的动态跟踪和监测保障机制，地方政府不能及时掌握村庄规划的建设进度、重大项目的实施计划等情况，导致乡村建设的投入产出账目混乱，无法科学准确地评估其乡村建设的综合绩效水平。

4.5 本章小结

本章从内外机制入手将乡村建设绩效的影响因素分为外部因素、内部因素和规划媒介三大部分。之后，结合关中地区实际情况，深入探讨导致关中地区乡村建设综合绩效欠佳的潜在因素。分析发现：①从外部因素来看，关中地区乡村建设的绩效水平受地方政府财政实力薄弱、资源投入偏差和管理行为不当等因素制约。投入结构的偏差和管理行为的不当往往引发面子工程和样本工程等，造成资源的极大浪费，大大降低了乡村建设的质量。②内部因素涉及农民知识结构、技能水平和村集体自治能力等。关中地区乡村建设呈现典型的"自下而上"特征，农民始终扮演局外人的角色，被动接受地方政府的资源投入和建设，未主动表达自身的实际需求和村庄的现实诉求，导致建设内容与农村实际问题有所偏差，一定程度上造成了资源匹配不合理和投入产出结构欠佳的现象。同时关中地区乡村人力资源质量欠佳，专业技能人才短缺，无法为乡村建设及其可持续发展提供有效的人力保障。③规划作为统筹农村社会、经济、空间、资源和生态等系统的重要手段，其质量优劣对乡村建设绩效具有显著作用。通过反思关中地区现行乡村发展价值导向、发展模式、编制内容和规划实施后发现：现行乡村发展价值体系偏颇，存在社会、经济、生态系统不协调的状况，"一腿长一腿短"现象较为突出。现行发展模式存在针对性和实效性不强的问题，往往忽视乡村地域特征和村庄核心问题。同时现行发展模式忽视乡村建设的空间尺度特征，多聚焦村庄微观层面，轻视中宏观尺度，不利于乡村资源的优化整合和战略重组。从编制内容来看，规划文件存在部分预设目标不明确、规划内容不全面和规划方法适用性欠佳等不足，导致乡村建设部分预设目标未实现，降低了农民主体对乡村建设效果的满意度。从规划实施来看，存在"重前期投入，轻后期维护"的现象，规划的实施效果有待提高，后期维护和监管工作有待完善。

第五章

关中地区乡村可持续发展的适宜模式建构

模式是事物内在规律和行为逻辑的高度凝练，通过某种联系方式及运行机制影响事物整体的发展方向和实际效果。模式的成功应用建立在相似的内部环境和外部条件上，不能简单模仿和照抄照搬其他地区的经验，必须进行适宜性调整和地方化修正。本章在剖析关中地区乡村建设绩效制约因素的基础上，立足城乡规划学领域，基于对关中地区现行发展模式的反思，借鉴可持续发展的先进理念，试图建立乡村可持续发展模式的一般性构建方法。同时结合关中地区实际情况，遵循"时空差异性、空间尺度性、操作可行性"的原则，构建关中地区"地方模式+类型模式"的双层叠加适宜模式体系。

◇◇ 5.1 理论内涵认知

5.1.1 概念阐述

自20世纪中后期以来，可持续发展的理论内涵不断拓展。学者最初将可持续发展理念与农业生产结合，提出了可持续农业的概念。随后陆续提出农村生态可持续发展、可持续农业和农村发展、农村土地利用可持续发展等相关概念。尽管可持续发展理念已得到广泛的共识，但学界对乡村可持续发展内涵体系全面认知的研究仍较少。因此，在构建关中地区乡村可持续发展的地方模式之前，有必要对乡村可持续发展的内涵体系进行深入探讨和研究。

乡村可持续发展的"新"是相对于以往而言的，乡村可持续发展具有显著的时空特征，其内涵随着时间和空间的变化而有所变化和侧重。因此在新的时代背景和新的现实诉求下，关中地区乡村可持续发展具有其特定的内涵。立足关中地区，本书认为乡村可持续发展涉及乡村经济、社会、空间、生态、政治各要素内部的可持续和彼此间的协调可持续，旨在各自发展的基础上逐步减弱和消除彼此间的矛盾和冲突，以应对全球变暖、空心村和老龄化等现象，解决生产效率低下、设施资源浪费、生态环境恶化、村庄风貌单调、地域文化丧失等现实问题。

5.1.2 要素解构

Aliye Ahu Akgün等将乡村可持续系统分为物质空间、社会系统、创造系统、地点系统（Locality system）和经济系统五大类。其中物质系统包括人工环境、基础设施、乡村可达性等；社会系统包括社会关系和参与行为等，经济系统包括经济多样性、外部性、企业网络等；地点系统包括自然资本、文化资本和隐性知识等，创造系统包括地方保护和技术更新等[36]。本书在借鉴现有理论成果的基础上，结合关中地区乡村发展实际情况，认为农村可持续体系包括自然、经济、社会、空间四大系统。这四大部分彼此依赖，相互影响，共同促进乡村体系的可持续发展。

其中自然系统主要涉及土壤、水体、大气、森林等非人工环境，包括可利用资源和不可利用资源，是人类生存的物质基础。经济系统包括农业生产、经济增长、就业能力、企业网络等，是乡村可持续发展的核心动力，对其他四大系统具有较强的推动作用。社会系统涉及农民交往、行为特征、社会地位及尊严、设施均衡、乡村治理、民主建设等内容，在当前城乡差距逐步凸显的背景下，社会体系是乡村可持续发展的关键所在。空间系统指人工建设的物质环境及其空间联系，与自然系统相对应，如村庄居民点、乡土建筑、村庄风貌、道路网络、图底关系、空间结构等，是乡村可持续发展的外化体现（图5-1）。

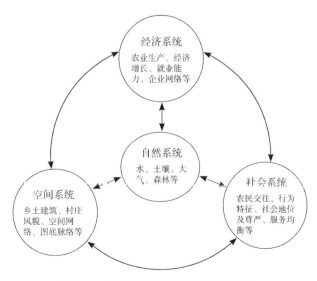

图5-1 乡村可持续发展的系统要素解构

1）自然系统

可持续性概念最早由生态学家提出，即所谓的"生态持续性"。1991年国际生态学联合会和国际生物科学联合会将生态可持续发展定义为"保护和加强环境系统的生产和更新能力"，从自然属性出发，寻求一种最佳的生态系统以支撑生态安全完整性和人类发展的共同目标[37]。自然系统涉及农业用地、水体、森林防护区、自然保护区、绿色开敞空间、全球气候等要素，为农村发展提供了自然资源和生态基底，是人类赖以生存的物质基础。随着人类对自然资源的过度掠夺导致了生态稳定性遭到破坏，大气污染、河流污染、面源污染、水土流失等问题层出不穷。农村生态可持续发展旨在协调自然生态空间与农村生活空间及生产空间的关系，强调在生态承载力的范围内进行建设，以减少人类活动对生态环境的影响和破坏，促进人与自然和谐相处。

2）经济系统

乡村经济可持续发展较多关注可持续农业、经济增长质量、低碳循环生产、经济发展活力等内容，强调在促进经济增长的同时，切实保护好农村自然环境，追求经济发展的长期利益。经济增长与经济发展具有本质的区别，经济增长并不一定会实现经济发展，而经济发展必须以经济增长为基础。粗放的经济增长方式会造成资源浪费和环境污染等问题，可持续发展需求下的乡村经济增长方式必须是集约高效且环境友好的。

3）社会系统

自20世纪末，随着城镇化的快速发展，我国乡村地区出现了新的社会问题，如大量人才外流、空心村、失地农民、老龄化、两栖农民、城乡差距、医疗教育资源不均衡分配等，农村社会可持续发展面临严峻的挑战。农村社会可持续包括乡土观念、贫困问题、教育质量、科技水平、医疗卫生、就业机会、公共设施、社会保障、民主管理、制度改革等内容，涉及农村社会内部各发展要素的适用性和农村社会与经济、资源等方面发展的协调性[38]。农村社会系统是各种确定和非确定因素所形成的开放复杂巨系统，当其稳定状态被打乱时，各种不稳定突发事件的可能性将大幅度提高，整个社会系统的脆弱性逐步加大。社会可持续发展是乡村地区稳定和谐的重要支撑，维护农民权益，保护农民利益，是乡村可持续发展的重要内容。

4）空间系统

空间是乡村可持续发展的载体，合理的空间结构为可持续发展奠定基础，同时可持续发展理念引导土地资源的高效利用。空间可持续的核心目的是通过土地资源配置，控制人类活动可能产生的消极外部效应，从而促进地区社会、经济、资源的和谐相处和可持续发展[39]。当前，我国乡村空间可持续发展进程缓慢，因自然灾害、粗放的生产方式、城市建设用地的无序蔓延等影响，我国乡村地区人地矛盾加剧。乡村土地的工业化发展导致工业污染向乡村地区排放，对乡村生态环境造成严重的危害。在这种背景下，乡村空间发展应深化可持续理念，通过空间结构优化、村庄居民点整合等手段，实现空间集约高效利用。

5.2 目标价值体系

我国乡村可持续发展明显滞后于发达国家，起始于20世纪末期。研究初期我国重点探讨乡村可持续发展的理论体系和地方实践，随后研究视角从现实描述和问题阐述逐步拓展到乡村可持续发展的水平测算、模式构建和优化策略等方面。经过不断的积累，我国乡村可持续发展取得了明显的进步。但从整体来看，尚处于起步阶段，与发达国家仍具有较大的差距。因此，此处梳理发达国家乡村可持续发展的价值观念演变脉络，为关中地区乡村发展提供理念借鉴。

5.2.1 先进理念借鉴

发达国家乡村可持续发展的理论研究和地方实践均早于我国，从1987年可持续发展概念的首次提出，到1991年可持续农业及农村发展概念的定义，至今乡村可持续发展已积累了丰富的经验。纵观发达国家乡村可持续发展历程，大致经历了现代化生产主义阶段（1950～1980年）、乡村可持续思想萌芽（1980～2000年）和乡村综合可持续发展（2000年至今）三大阶段。

1) 发达国家乡村可持续发展的历程演变

20世纪中期受"生产主义"思想的影响，乡村发展的主要目的是稳定粮食生产，提高土地利用率，确保居民粮食安全。为此西方发达国家积极推进农业机械化和现代化发展，采用"高投入、高产出"的生产方式，大量使用农药、肥料等化学物质，粮食产量得到较快增长。进入20世纪末期，人们逐步意识到"高投入、高产出"的生产方式将带来土壤肥力退化、水土流失、饮食安全、身体健康等一系列问题，不利于农村的长久发展。同时受可持续发展思想和环保主义的影响，早期

"生产主义"发展模式备受诟病,"后工业主义"和"后生产主义"等新思潮萌芽。20世纪末以来,可持续发展理念逐步普及并不断拓宽,与其他领域的融合发展逐步增强,如农业可持续、经济可持续、农村可持续等。

(1)现代化生产主义阶段(1950~1980年)

20世纪50年代初期,欧洲国家刚刚走出"二战"灾难,乡村粮食生产功能受到高度关注,政府出台系列农业生产策略来提高乡村的粮食产量[40]。该阶段以农业机械化和现代化发展为重点,应用先进的农业科学技术,大量使用农药、化肥等化学物质,是一种以资本高度密集、专业化生产和规模化经营为主的农业生产方式,极大地提高了农业劳动生产率。该阶段将农村看作生产空间,主要为城镇居民提供粮食和蔬菜,确保粮食安全格局。早期现代化生产模式导致了化肥、农药、除草剂和农膜的过度使用,造成了土壤、水体、大气污染等环境问题。同时大型机械频繁耕作造成土壤板结问题,使土地资源迅速退化,引起土壤沙化和水土流失等问题。此外农药化肥的大量使用增加了动植物中农药残留的风险,导致食品安全得不到保障。1962年美国学者雷切尔·卡逊发表了《寂静的春天》,指出农药等化学物使用的弊端,受到了广泛关注。

(2)可持续发展思想萌芽(1980~2000年)

"可持续发展"一词最早可见于1980年世界自然保护联盟在《世界自然保护战略》中,随后该思想被广泛应用于各个领域,范畴边界逐步拓宽。伴随着粮食生产过剩及可持续理念的发展,生产主义导向下的农村发展模式遭到批判,可持续农业概念应运而生,提倡采用内生发展模式,降低化学农药的投入,搭建资源节约型农业系统。随着可持续农业发展的深入,政府和学者认为仅在农业内部讨论可持续发展具有相对局限性,提倡从整个乡村地域出发,将农业和乡村可持续发展结合起来。在这种背景下,可持续农业与农村发展理念得到广泛传播,其根本目标是实现农业生产可持续性、乡村经济可持续性和农业生态可持续性协调统一。至此标志着现代化生产主义阶段向乡村可持续发展阶段的转变。

(3)农村综合可持续发展(2000年至今)

20世纪末以来,农村发展视角不断拓展,发达国家将可持续发展理念融入乡村社会经济各个方面,从可持续农业和农村发展向综合乡村可持续发展议题转变。2006年经济合作与发展组织(OECD)指出当前需要对农村发展理论进行研究,试图构建能够全面反映欧盟"FP6:综合农村发展和可持续性分析"的框架体系。在乡村多元化（pluralization of the rural）时代，乡村发展应更多关注经济复兴，重新定义农村价值，增加乡村多样性、创造和增加社会价值、提高农业部门竞争力、保护乡村景观和传统文化，从而使乡村更具吸引力，更具社会价值[41]。

2）发达国家乡村可持续发展的理念借鉴

当前，我国正处于城乡统筹和新型城镇化推进的重要阶段，乡村面临人口流失、空心村、老龄化、土地资源浪费、生态环境污染等现实问题。在这种背景下，现行的乡村发展理念和目标价值体系等已不完全符合新时代的发展诉求和实际需求，制约了关中地区乡村可持续发展的进程。关中地区可借鉴发达国家的先进理念，为乡村可持续发展目标价值体系的制定提供思路。

（1）从乡村各系统不协调向综合统筹兼顾转变

正如上章节所述，当前关中地区乡村发展存在价值导向偏颇的制约因素，地方实践以物质空间改善和经济产业发展为重，轻视农村生态环境和社会人文风貌，导致地区农村社会、经济、空间和生态等系统的协调性欠佳。这种情况发达国家在发展早期也曾经历过，将产业经济作为核心，大量使用农药和化肥等导致生态环境持续恶化。轻视农村景观风貌和文化遗产保护，导致村庄地方感和归属感逐步下降。针对这种现象，发达国家不断完善和补充可持续发展的价值内涵，积极推进可持续社区、国家公园、生态农业等工程，并完善相关政策制度，使可持续发展不仅关注经济、人口和资源的协调共生，更强调社会、文化、政治等要素的可持续性。

（2）从生产主义向后现代主义转变

关中地区以规模生产为导向的发展思路仍占主导地位，乡村地域的生产属性仍较明显。采用"高投入、高产出"的生产方式，大量使用农药、化肥、农膜等物质，引发土壤板结、肥力下降、水土流失、地下水污染等诸多生态环境问题，直接影响居民的身体健康。针对这种情况，发达国家坚持走可持续农业的路子，限制农民对化学物质的使用，同时制定相应的奖惩制定，对生态农场和有机农场进行资金和技术扶持，大力提倡绿色农业和循环农业等可持续农业方式。同时发达国家认为乡村地区并不仅仅具有生产功能，其兼具生态、文化、游憩等多种功能。在发展过程中更注重乡村特色、社区地方感、社会交往等内容，强调乡村地区的消费属性。关中地区在农业现代化、乡村旅游、特色小镇、美丽乡村建设等方面可继续吸取发达国家的先进经验，促进乡村可持续发展。

总的来说，发达国家乡村可持续发展的目标价值体系逐步拓宽，从早期的规模生产为主导逐步向生态农业转变，从初期的经济优先逐步向经济、社会、文化、生态等协调发展转变。这些经验为关中地区乡村建设提供了借鉴，在乡村发展过程中应树立综合可持续发展价值理念，注重乡村经济复兴、资源集约、社会公平、生态系统等系统的协调统筹。

5.2.2 目标价值导向

乡村可持续发展重点处理代内公平、代际公平和自然公平三者之间的关系，在其恢弘的价值目标中蕴含了对人类自身、对自然以及对人与自然之间价值关系的思考与追问，展现了人类自我的一种超越和生存的境界[42]。Goodman认为促进经济增长、改善社会条件和保护自然价值是可持续农村发展的重要特征[43]。针对发展中国家农村发展，经济合作与发展组织（OECD）提倡应树立有效治理、多部门、城乡联系、包容性、性别公平、可持续性等农村战略目标[44]。美国社会学家Campbell认为可持续发展的主要价值可归结为环境（environment）、经济（economy）和社会公平（equity）3E目标，各目标间存在价值冲突，如经济体系和生态体系存在自然资源消费和再生资源储备的"资源冲突"，如何缓解和消除三者之间的价值冲突是可持续发展的主要目标[45]。

乡村可持续发展具有鲜明的时空阶段特征，关中地区地处我国西部地区，乡村可持续发展的形势更加严峻，面临生产方式粗放低效、扶贫脱困难度较大、公共服务设施缺乏、农民自治意识薄弱、空心村、人口老龄化、居民点整合等多重问题。在此背景下，本书认为关中地区乡村可持续发展必须坚持"循序渐进"的原则，切勿"大跃进"，造成资源的极大浪费。现阶段，关中地区应坚持"以人为本、三生协调、城乡统筹"的发展理念，以"三次产业融合、设施均衡共享、空间集约高效、自然和谐共生"为价值导向，推进乡村经济水平稳步增长、农民生活质量持续改善、农村设施配套明显完善、自然生态环境显著提升，加快乡村经济社会与人口资源环境协调发展。

1）产业经济："多产融合，内源驱动"

新时期乡村发展并不完全依托于农业生产功能，认识到乡村的多功能化特征，充分挖掘其休闲、观光、教育、生态等功能，摈弃单一狭隘的发展理念，加快一、二、三次产业融合，促进乡村内源动力多元化发展。针对可持续农业，树立绿色有机和生态安全的理念,引入生态农业、有机农业、立体农业、循环农业等生产模式,减少化肥、农药、杀虫剂等化学物质投入。在促进乡村经济增长的同时,强调经济质量的同步提升,以"农产品供给侧改革"和产业结构优化为抓手,不断激活和挖掘内源驱动力,创新探索新型增长模式。这种发展观提倡经济市场自由化,反对政府过度干预;提倡资源的高效配置,反对资源浪费;追求产业结构优化,强调经济发展质量。

2)空间利用:"因地制宜,集约高效"

当前乡村建设用地布局分散,土地粗放利用现象突出,同时随着农村人口外流,出现大量的空心村及废弃房屋等,现实情况与乡村可持续发展理念相悖。可持续理念导向下的农村空间利用应树立内涵式发展思路,促进工业向园区集中、人口向社区集中、土地向规模集中,提高土地利用效率,增强农村空间的"可持续性、协调性、公平性和区域性",最终实现农村空间可持续发展。

3)设施配套:"均衡共享,幸福宜居"

关中地区农民在收入水平、生活质量、就业机会、医疗卫生、教育质量、养老福利等方面与城镇地区具有较大差距。在可持续发展理念导向下,应以基础设施配套和公共服务设施供给为突破口,推进城乡公共服务均等化发展,改善农民生存条件,优化农村人居环境,使农民共享城镇化成果。

4)人居环境:"绿色安全,和谐共生"

安全稳定的生态系统为乡村持续发展奠定基础,其涉及农田、开敞空间、自然保护区、森林、河流等要素。为确保乡村可持续发展,必须树立人与自然和谐共生的理念,以自然生态系统的承载力为依据,确定合理的开发强度和资源利用方式。对自然保护区、水源保护地等重要生态用地实行严格的管控制度,禁止在生态保育区进行任何开发建设活动。同时依托现有生态景观格局,拓展农业多功能发展,延续地方景观文化,塑造具有特色的乡村景观,真正建成美丽乡村。

5.3 建构思路及原则

5.3.1 核心思路

前文对关中地区现行发展模式进行反思,发现其存在同质化模仿现象。在实际工作中,往往轻视乡村地域差异特征,罔顾村庄建设核心问题,忽视乡村空间尺度特征，最终导致模式的实际指导作用和针对性欠佳。因此，本书在构建关中地区乡村可持续发展模式时，高度重视乡村发展的地域性、多元性、动态性和尺度性特征，以"三次产业融合、设施均衡共享、空间集约高效、自然和谐共生"为目标价值导向，按照"类型划分——问题审视——模式演绎"的建构方法，从中宏观和微观尺度两大层面入手，试图构建适宜关中地区乡村可持续发展的"地方模式+类型模式"双层叠加体系（图5-2）。

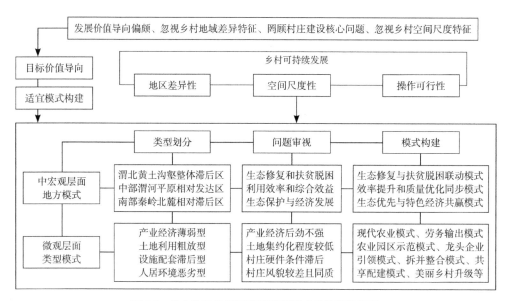

图 5-2 关中地区乡村可持续发展模式的构建思路图

地方模式着眼于中宏观尺度，重点解决关中地区乡村发展的地域性问题。首先，从自然地貌、生态环境、发展水平和建设绩效四大维度对关中地区乡村地域类型进行划分。同类地域空间具有相似的内部基底和外部环境，可构建适宜地域特征的可持续发展模式。不同地域类型的内部环境和外部环境差异较明显，其制约因素和主导矛盾有所不同，乡村可持续发展的侧重点也将不同，因此有必要对关中乡村地区进行类型划分。其次，分析和挖掘不同乡村地域类型的制约因素和发展短板，审视其可持续发展过程中的主导矛盾和关键问题。最后，以问题为导向，构建关中地区乡村可持续发展的地方模式，提高其可操作性和实际指导价值。

类型模式以微观村庄尺度为切入点，以村庄建设问题为导向，综合考虑自然条件、人口结构、产业经济、空间利用、设施配套、人居环境和乡土文化等要素，划分关中地区不同村庄类型。并以此为基础，探讨适宜不同村庄类型的可持续发展模式。

5.3.2 主要原则

1）体现差异化指导

关中乡村地区具有明显的地域差异性特征，不同类型的乡村地域和村庄所处的自然条件、经济基础、生态环境等有所差异，如南部秦岭北麓生态功能优越且水资源丰富，渭北旱塬自然生态环境脆弱且水资源短缺。在乡村发展过程中面临的制约因素和不可持续问题也具有差异性，因此模式构建时应按照因地制宜、分类指导的原则，体现地域差异特征，紧抓核心问题和关键矛盾，扬长避短，避免发展模式的雷同低效，切实解决地区农村发展不可持续问题，最终实现关中地区乡村效益最大化。

2）呈现空间尺度性

乡村可持续发展模式具有空间尺度特征，不同尺度层次下的发展模式侧重点和切入点有所差异。中宏观尺度侧重区域平衡和整体协调，可从主导制约因素入手，聚焦乡村可持续发展过程中面临的关键问题，缩小关中地区乡村发展的地区差异。微观尺度层面多关注单个村庄的建设发展，往往以农业用地调整、村庄空间结构优化、公共设施配套完善和村巷环境卫生整治等为突破口，侧重模式的实施性和可操作性。因此本书在构建关中地区乡村可持续发展模式时，采用微观和中宏观两大尺度视角，对乡村地区进行全面多维度的探讨。

3）突出操作可行性

模式构建的最终目的是为了确保乡村可持续发展取得良好效果，目前国内乡村可持续发展地方实践提出了若干模式，然而部分停留在"口号"层面，部分地区出现模式的同质模仿现象，模式的针对性和实效性欠佳。因此本书在构建乡村可持续发展模式时，将充分考虑乡村地域特征、制约因素和关键矛盾等要素，提高模式的可行性和针对性。

5.4 适宜模式构建

遵循"差异性、尺度性、针对性"的原则，按照"类型划分——问题审视——模式演绎"的建构方法，从中宏观和微观尺度两大层面入手，构建了关中地区乡村可持续发展的"地方模式+类型模式"双层叠加体系。其中地方模式包含北部生态修复和扶贫脱困联动模式、中部效率提升和质量优化同步模式以及南部生态优先与特色经济共赢模式。类型模式涉及产业经济、空间利用、设施配套和人居环境四大维度，具体包含现代农业模式、劳务输出模式、乡村旅游模式、农业园区示范模式、龙头企业引领模式、拆并整合模式、旧址改造模式、独立配套模式、共享配建模式、村容村貌整治模式、美丽乡村升级模式等（表5-1）。

关中地区乡村可持续发展适宜模式的双层体系　　　　　表5-1

尺度	适宜模式	类型划分	具体模式
中宏观	地方模式	北部整体滞后区	北部生态修复和扶贫脱困联动模式
		中部相对发达区	中部效率提升和质量优化同步模式
		南部相对滞后区	南部生态优先与特色经济共赢模式
微观	类型模式	产业经济薄弱型	现代农业模式 劳务输出模式 乡村旅游模式 电子商务模式
		空间利用粗放型	农业园区示范模式、专业合作社带动模式、龙头企业引领模式等；拆并整合模式、旧址改造模式
		设施配套滞后型	独立配套模式 共享配建模式
		人居环境恶劣型	村容村貌整治模式 美丽乡村升级模式 环境污染治理模式

5.4.1 地方模式

关中地区乡村可持续发展的地方模式聚焦中宏观尺度，侧重区域性问题的探讨。按照"地域类型划分、关键问题诊断、地方模式演绎"的构建方法，首先从自然地形地貌、农村发展水平、乡村建设绩效、生态功能重要性等维度入手对关中地区乡村地域类型进行划分，得到渭北黄土沟壑整体滞后区、中部渭河平原相对发达区和南部秦岭北麓相对滞后区三大类型。之后，紧扣核心制约因素并挖掘其主导矛盾。最后，以问题为导向，归纳演绎得到渭北生态修复与扶贫脱困联动、中部效率提升和质量优化同步模式和南部生态优先与特色经济共赢三大地方模式，有效增强模式的针对性和实效性（图5-3）。

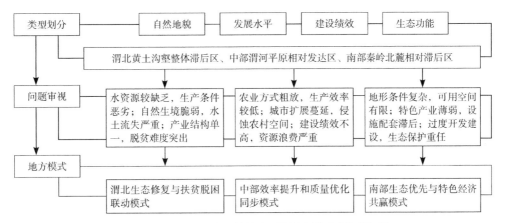

图5-3　关中地区乡村可持续发展的地方模式建构框架图

1）区域类型划分

（1）划分依据

从分类视角来看，乡村地域类型的划分方法呈多样化特征。部分学者从农村社会经济角度入手，划分为发达乡村地域类型、欠发达乡村地域类型、相对发达类型、相对滞后发展类型等[46]。有些学者从城市和农村发展综合视角入手，将乡村地域空间分为滞后类型、相对滞后类型、发达型等。此外部分学者从农村主导产业、乡村性水平、可持续发展程度、农业现代化水平、农村土地整合等角度对乡村地区进行类型划分。在借鉴国内研究成果的基础上，本书从自然地形地貌、生态功能重要性、农村发展水平和乡村建设绩效四方面入手，将关中乡村地区划分为南部秦岭北麓相对滞后区、中部渭河平原相对发达区和渭北黄土沟壑整体滞后区三大类型。

①自然环境维度

本书主要以高程信息和地形地貌等为依据将关中地区分为中部盆地区、南部秦岭山区和北部黄土沟壑区。其中中部盆地区受不同冲击作用的影响，沿渭河河槽向南北两侧，呈不对称阶梯状增高，主要涉及临潼区、临渭区、三原县、礼泉县、富平县、蒲城县、大荔县、兴平市、武功县、扶风县等大部分区县，海拔高度在200～870米，地势平坦，农业生产条件较好。南部秦岭山区地形条件复杂，自西向东延伸，涉及陇县、凤县、太白县、周至县、户县和长安区、华州区、潼关等地区，海拔高度在1500～4000米，地形条件较为复杂，生态功能价值较高。北部黄土沟壑区在渭河冲积阶地的基础上，因风积黄土覆盖，并经过地质垂直断裂运动和河流切割后形成了阶梯状或台状的黄土台塬。地貌以黄土卯梁、沟壑为主,涉及陇县、千阳县、陈仓区、麟游县、长武县、旬邑县、永寿县、宜君县等,生态环境脆弱,农业生产条件滞后(图5-4、图5-5)。

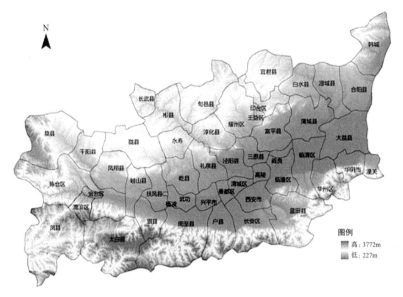

图5-4　关中地区自然高程分析图

图5-5　自然维度下关中地区农村空间类型划分图

②生态功能维度

根据《陕西省主体功能区划》,关中地区南部秦岭北麓周至县、太白县和凤县被确定为国家级重点生态功能区,该地区动植物种类丰富,水资源充沛,且涉及多处国家级森林公园和水源保护区,生态功能明显。北部陇县、千阳县、大荔县、合阳县、澄城县等地区被划定为较重要的生态功能区,该地区水土流失严重,水资源较为缺乏,生态环境脆弱。生态功能区范围内应限制开发建设活动,禁止过度开垦和工业发展,以生态保育和植树造林为主要功能,在确保生态功能的基础上可进行适当的建设活动。相对而言,中部地区生态抗风险能力较强,是开发建设活动的重要载体(图5-6)。

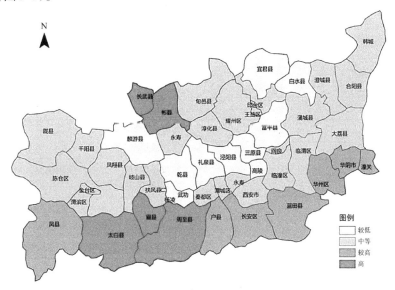

图5-6 生态重要性维度下关中地区农村空间类型划分图

资料来源:《陕西省主体功能区划》

③乡村发展水平维度

借鉴国内现有研究成果,从生产发展、生活富裕、设施服务、生态环境和城乡统筹五大维度入手,选择单位面积粮食产量、单位面积机械总动力、省级一村一品示范村数量、农民人均纯收入、农林水事务财政支出、新型农村合作医疗参合率、化肥投入使用情况、城乡居民收入差异系数、城镇化率等细化指标,构建关中地区乡村发展水平的评价指标体系(表5-2)。

	关中地区乡村建设水平的评价指标体系			表5-2
维度	细化指标		权重	说明
生产发展	第一产业生产总值(亿元)	$X1$	0.075	反映第一产业经济发展水平的直接指标

续表

维度	细化指标		权重	说明
生产发展	单位面积粮食产量（吨/公顷）	X_2	0.077	表示粮食生产效率情况，为粮食产量与播种面积的比例
	单位面积机械总动力（千瓦）	X_3	0.079	农业生产中机械动力使用情况，一定程度反映机械化程度
	省级一村一品示范村数量（个）	X_4	0.078	用来衡量乡村产业化和产品特色化的发展状况
生活富裕	农民人均纯收入（元）	X_5	0.075	反映农民生活水平的主要指标
	人均生产总值	X_6	0.072	
设施服务	农林水事务财政支出（元）	X_7	0.076	主要包括农业支出、林业支出、水利支出、扶贫支出、农业综合开发支出等
	千人床位数（个/千人）	X_8	0.075	每千人医院床位数的供给情况，反映居民医疗卫生水平
	新型农村合作医疗参合率（%）	X_9	0.080	新型农村合作医疗的覆盖情况
生态环境	化肥投入使用情况	X_{10}	0.080	反映农业生产中化肥使用情况，间接反映面源污染情况
	农膜使用情况	X_{11}	0.080	反映农业生产中农膜使用情况，间接反映面源污染情况
城乡统筹	城乡居民收入差异系数	X_{12}	0.078	即城镇居民人均可支配收入与农民人均可支配收入之比，反映了城乡收入差距的重要指标
	城镇化率（%）	X_{13}	0.075	反映城乡社会发展阶段的主要指标

指标权重测算采用熵值法，根据指标的相对变化程度对系统整体的影响来决定权重的大小，影响越大则指标权重越大，反之则权重越小。

$$A = \frac{X_{ij}}{\sum_{i=1}^{48} X_{ij}}$$

$$e_j = -k \sum_{j=1}^{48} [A \times \ln(A)]$$

$$W_j = \frac{(1-e_j)}{\sum_{j=1}^{n}(1-e_j)}$$

其中 $k = \frac{1}{\ln m}$，m 为决策单元的数量，$m=1$，…，48。n 表示新农村发展水平测度指标的数量，此处为13个。A 表示第 i 行第 j 列标准化数值占第 j 列数据总和的比重；e_j 为第 j 项指标的信息熵值，越大表示信息越离散，对全局影响越小。W_j 表示第 j 项指标的权重。

之后，本书采用多因子加权法测算关中地区乡村发展的实际水平，其中采用极值法对原始数据进行标准化处理。

$$Y_i = l_1 * X_{i1} + l_2 * X_{i2} + \cdots + l_j * X_{ij}$$

由于各指标的量纲不同，采用极值法进行数据标准化处理。

$$X_{ij} = \frac{第i个样本中j指标的实际值 - j指标所有样本数据中的最大值}{j指标所有样本数据中的最大值 - j指标所有样本数据中的最小值}（正指标）；$$

$$X_{ij} = \frac{j指标所有样本数据中的最大值 - 第i个样本中j指标的实际值}{j指标所有样本数据中的最大值 - j指标所有样本数据中的最小值}（逆指标）。$$

Y_i 为第 i 个样本单元的评价值，l_j 为第 j 项指标的权重值，X_{ij} 为第 i 个样本单元的第 j 项指标的测量值，X_{ij} 为第 i 个评价单元的第 j 项指标标准化值（无量纲）。其中 $i=1, 2, \cdots, m(m=48)$；$j=1, 2, \cdots, n(n=13)$。

最后测算得到关中地区48个县区乡村的发展水平，结果显示杨陵区、凤翔县、眉县、高陵区、凤县和秦都区等新农村发展水平相对较高，乾县、太白县、蓝田县、麟游县、千阳县、富平县和淳化县等新农村发展水平相对滞后。利用GIS空间自相关分析表明关中地区乡村发展水平具有地域差异和集聚特征，高值集聚在岐山县、高陵区和户县等中部地区，低值集聚在彬县、白水县等北部和东部地区（表5-3、图5-7、图5-8）。

关中地区乡村发展水平的测算结果　　　　表5-3

序号	区县	得分	序号	区县	得分
1	秦都区	62.79	15	阎良区	50.9
2	杨陵区	62.07	16	陈仓区	49.99
3	金台区	57.7	17	周至县	49.1
4	凤　县	56.81	18	王益区	48.83
5	高陵区	56.28	19	礼泉县	48.54
6	眉　县	56.01	20	武功县	48.53
7	渭城区	55.17	21	户　县	47.5
8	凤翔县	54.02	22	泾阳县	47.42
9	岐山县	53.42	23	长安区	47.16
10	兴平市	52.87	24	彬　县	47.11
11	渭滨区	52.4	25	临渭区	46.19
12	扶风县	52.36	26	临潼区	46.13
13	三原县	51.99	27	耀州区	45.6
14	韩城市	51.34	28	宜君县	45.19

续表

序号	区县	得分	序号	区县	得分
29	旬邑县	45.04	39	长武县	41.43
30	大荔县	44.81	40	淳化县	41.4
31	华州区	44.06	41	麟游县	41.27
32	合阳县	44.06	42	千阳县	40.97
33	印台区	43.93	43	永寿县	40.77
34	华阴市	43.36	44	富平县	40.77
35	陇县	43.26	45	潼关县	40.45
36	澄城县	42.94	46	太白县	40.14
37	蒲城县	41.75	47	蓝田县	38.61
38	白水县	41.55	48	乾县	37.43

备注：相关原始数据见附件。

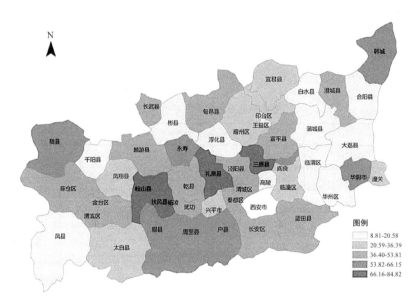

图5-7 关中地区乡村发展水平的空间分布图

④乡村建设绩效维度

前文对关中地区乡村建设综合绩效进行评估，发现其存在典型的地区差异特征。大部分无效单元位于关中东部和北部地区，有效单元多位于中部地区。同时中部地区乡村建设的绩效水平明显略高于南部和北部地区（表5-4）。

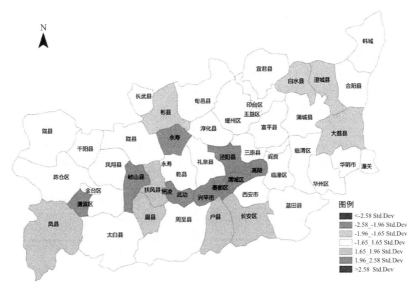

图5-8 关中地区乡村发展水平的冷热点分析图

关中地区乡村建设实施绩效的地域差异情况　　　　表5-4

地域	区县	实施绩效平均值
中部地区	陈仓区、金台区、渭滨区、凤翔县、岐山县、扶风县、眉县、合阳县、杨陵、乾县、礼泉县、兴平市、渭城区、秦都区、武功县、三原县、高陵区、临潼区、阎良区、临渭区、长安区、大荔县、蒲城县、富平县、潼关县	0.85
南部地区	凤县、太白县、周至县、户县、蓝田县、华州区、华阴市	0.75
北部地区	麟游县、陇县、千阳县、长武县、彬县、永寿县、淳化县、旬邑县耀州区、王益区、印台区、宜君县、白水县、澄城县、韩城、泾阳县	0.76

注：各区县乡村建设的实施绩效水平见4.2.2章节相关内容。

（2）区域类型

综合考虑关中地区自然地形地貌、生态功能重要性、农村发展水平和乡村建设绩效等情况，将关中地区大致划分为南部秦岭北麓相对滞后区、中部渭河平原相对发达区和渭北黄土沟壑整体滞后区三大类型。此处需要指出的是，因数据精度和测算尺度的限制，三大区域类型的空间边界并不非常精确，但可以满足关中地区乡村可持续发展地方模式构建的研究需要（表5-5、图5-9）。

关中地区农村三大区域类型（中宏观尺度）　　　　　　　表5-5

类型	维度特征				空间范围
	自然维度	生态维度	发展水平	建设绩效	
北部黄土沟壑整体滞后区	以沟、壑、峁、梁为主，干旱少雨	水土流失严重，自然生境脆弱	农业生产条件恶劣，城镇化进程缓慢，是集中连片贫困区	多数处于无效状态	涉及陇县、岐山县、千阳县、乾县、泾阳县、澄城县、白水县等
中部渭河平原相对发达区	地势平坦，水资源较为充足	生态价值一般，相对比较稳定	农业生产条件较佳，城镇化进程较快，农民生活水平相对优越	多数处于有效状态	涉及杨陵区、礼泉县、阎良区、武功县、兴平市、临渭区、大荔县等
南部秦岭北麓相对滞后区	地形复杂，水资源充足	含多处森林公园，生态功能价值高	城镇化水平一般，特色农业基础较好，农民生活水平一般	部分处于无效	涉及眉县、太白县、凤县、周至县、长安区、户县等部分地区

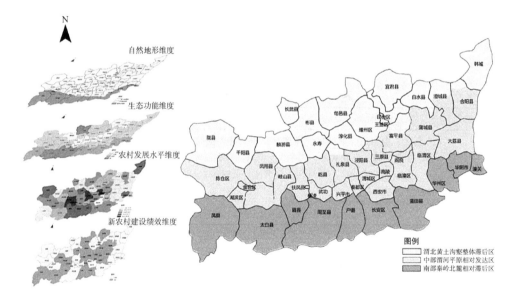

图5-9　关中地区三大乡村地域类型的空间分布示意图

2）关键问题诊断

不同乡村地区在自然生境、社会经济和村庄建设等方面存在差异，制约因素则是农村发展过程中的短板，直接决定乡村可持续能力的高低。从属性特征来看，制约因素分为可优化型和不可避免型。例如水资源缺乏、地形条件复杂等自然要素属于不可避免型，在乡村可持续发展中只能扬长避短，通过调整生产结构、引入先进技术和提高生产效率等方式，增强可持续发展能力。针对可优化型制约因素如农业生产方式粗放等，应尽快提升优化，消除其对整体发展的影响和制约。

(1) 北部黄土沟壑整体滞后区

渭北黄土沟壑区生态基底脆弱，水资源短缺，低效的土地使用和过度的开发建设导致乡村地区出现水土流失严重、农业生产效率低效、农民生活贫困、生态环境破坏等问题，制约乡村可持续发展进程。

①主要问题

a.水资源较缺乏，生产条件恶劣

渭北旱塬区光温等条件较好，有利于农业优质高产，然而水资源严重缺乏，部分地区农民日常生活用水量都得不到满足，农田灌溉情况更加恶劣，农业生产基本属于靠天吃饭的状态。如澄城县境内水资源可利用量为4800万立方米，平均用水量8000万立方米左右，其中农业灌溉用水达6500余万立方米，水资源缺口达3200万立方米。此外该地区农田灌溉设施较为落后，大部分并未配套喷灌或灌溉管道等设施，同时雨水收集系统缺乏，无法实现水资源的高效利用。水资源短缺问题是该地域乡村可持续发展的关键所在，对农业生产和农民生活至关重要。

b.自然生境脆弱，水土流失严重。

该地域低山丘陵、斜坡、台塬、山前洪积扇等多种地貌并存，土壤以黄绵沙土为主，土质疏松且下渗性强，持水量低，久经侵蚀而贫瘠化。常年面临水土流失、旱涝灾害和土壤肥力退化等问题，陷入了"旱薄—低产—垦殖—加剧水土流失—环境恶劣—贫困—低投入—旱薄"的恶性循环中，生态环境承载力愈加脆弱。据了解，旱腰带地区拥有丰富的石灰石资源，是陕西省水泥、石灰、石料等建材的主要来源地，在利益驱动下出现了部分无序开采和违法加工的行为，不合理的开发利用使渭北旱塬生态环境状况更加严峻，严重影响了乡村可持续发展。

c.产业结构单一，脱贫难度突出

从土地利用结构来看，耕地面积仍占主导地位，农产品以传统粮食为主，经济林果业和草地面积所占比重较少，乡村产业结构略显单一。渭北旱塬是关中地区主要的集中连片特困区，涉及礼泉县、泾阳县、澄城县、富平县等，覆盖规模较大。据统计，截至2016年底仅合阳县就有贫困村83个，贫困户12812户、贫困人口42797人，部分农民尚未解决温饱问题。整体来说，该地域多为丘壑山区，基础设施条件较差，农民增收来源单一，农业种植效益较差，乡村面临经济发展和生态环境保护双重压力。

②关键矛盾：生态修复与脱贫致富

关中地区北部旱塬常年受水资源缺乏和水土流失困扰，生态环境脆弱。同时受采矿活动的影响，生态修复任务艰巨。此外，渭北地区是我国主要连片扶贫脱困区，农民生活水平较低，脱贫致富迫在眉睫。因此，在乡村可持续发展过程中，渭北黄土沟壑整体滞后区应着重平衡生态修复和脱贫致富间的关系，增强区域经济实力，提高资源利用效率。

（2）中部渭河平原相对发达区

该地区自然地形平坦，农业生产条件较好，城镇化进程相对领先，乡村经济实力较强，农民生活水平相对富裕。因此，不同于北部黄土沟壑整体滞后区，该地区扶贫脱困和生态修复的矛盾不甚突出。从实际情况来看，关中地区面临农业方式粗放、生产效率较低，城镇发展无序蔓延、城乡二元差距明显，乡村建设同质模仿，发展质量有待提高。需要指出的是，此处仅聚焦中部发达区的关键问题，而并不意味着该地区其他方面没有问题。

①主要问题

a.农业方式粗放，生产效率较低

该地区村庄居民点分布相对密集，农村人口规模相对较大，人均耕地面积相对有限，农业生产的条块现象较为明显，农业规模化经营明显滞后。农业生产效率低下，传统"高投入、高产出"式的生产方式并未改变，引发乡村环境问题。农产品科技附加值不高，无法满足农业现代化的发展要求。随着老龄化和空心村的趋势，导致部分村庄耕地闲置低效，耕地资源浪费严重。

b.城市扩展蔓延，乡村空间受到挤压

中部渭河平原相对发达区城镇化进程较快，出现了城镇建设用地无序扩张，不断侵占挤压农村空间的现象，引发大量耕地流失和土地利用低效等问题。同时增加了乡村生态环境保护的压力，肆意占用耕地和不合理的非农用地使得城市污染向乡村地区蔓延，例如城镇垃圾和工业废水向乡村地区排放，导致乡村绿色空间逐步被蚕食，严重制约了乡村生态可持续发展。

c.乡村发展同质模仿，建设质量有待提高

相对北部和南部地区来说，中部地区乡村自然风貌和人文资源相对单一。乡村发展过程中普遍存在模式同质模仿的现象，导致千村一面问题较为突出。在城镇化的推进过程中，城乡差距较突出，尤其表现在教育、医疗、文化、体育等公共设施方面。此外，中部地区大部分村庄已基本实现道路硬化、路灯照明、垃圾收集、厕所改造等基础设施建设，卫生室、活动广场等公共服务设施不断完善。然而实际建设中出现财政资金效益不高、农村项目重复投入、部分设施空置化、老旧设施无人维护等现象，资源浪费较为严重，乡村的质量有待提高。

②核心矛盾：效率提升和质量优化

本书认为现阶段中部渭河平原相对发达区主要面临效率提升和质量优化的关键任务，如何在投入资源有限的情况下，提高资源利用效率，确保乡村建设质量，是该地区乡村可持续发展的重要内容。相对而言，该地区自然地形平坦、农业生产条件优越、乡村产业经济水平较雄厚，村庄建设和设施配套较完善，已迈入乡村建设质量提升的攻坚阶段。因此，中部渭河平原相对发达区应围绕效率和质量两大核心内容，着重对农业生产方式、村庄建设质量、土地利用效率等展开探讨。

（3）南部秦岭北麓相对滞后区

①主要问题

a.地形条件复杂，可用空间有限

该地区地形条件复杂，内部涉及大量森林保护用地，农村可利用建设空间有限。受秦岭北麓山区自然生态和地形条件的影响，农村居民点多分布在浅山缓坡或开敞的沟谷地带，村庄规模较小且布局分散，交通出行条件相对不便。受地形因素制约，该地区农业用地的形状呈不规则状，且多位于山脚和缓坡地区，陡坡耕种现象仍普遍存在，机械化和产业化经营相对滞后。

b.特色产业薄弱，设施配套滞后

依托特色的土地资源和生态环境，该地区初步形成了以葡萄、樱桃、猕猴桃、苗木等为主的特色产业类型，但产业实力仍相对薄弱。农用地流转规模有限，规模化经营进程缓慢，限制了特色农业的整体发展。同时该地区为我国重要的连片贫困区，部分村庄给排水、电力电信、垃圾处理、医疗教育、防灾减灾等公共设施配套相对滞后，农村人居环境有待提升。

c.过度开发建设，生态环境脆弱

秦岭北部资源环境丰富，是关中地区重要的生态功能区。依托优越的自然环境，秦岭北麓地区尤其是关中环线周边出现了大量乡村旅游目的地和房地产开发活动，有些地方存在违规建设别墅现象，对生态环境造成一定的破坏。如何平衡生态环境保护和产业经济发展之间的矛盾是南部秦岭北麓乡村可持续发展的重要内容。

②核心矛盾：生态保护与经济发展

南部秦岭北麓地区是我国重要的生态屏障，具有显著的生态功能。与此同时，该地区是我国主要的连片扶贫脱困区，经济发展缓慢，产业结构单一，农民生活收入有限。在乡村可持续发展中需妥善处理生态环境保护和增强经济实力之间的关系，将生态优势转变为经济优势，实现双赢局面。

基于以上分析，本书认为北部黄土沟壑区受水资源短缺、地形地貌复杂、水土流失严重、土壤肥力退化、基础设施滞后等因素制约，农业生产效率较低和农民生活困苦，应以扶贫脱困和生态修复为着力点，增加水土流失和生态修复力度，拓宽农民增收渠道，着力实现生态和经济可持续发展。中部渭河平原相对发达区受耕作方式粗放、科技含量低下、土地利用率不高、城乡二元差距等因素制约，应以乡村发展效率提升和质量优化为核心，以产业结构调整、农业科技提升、空间集约利用为突破口，提高乡村资源使用效率，增强农村建设质量。秦岭北麓地区受自然灾害、水源保护、基础设施滞后、生产方式粗放等因素制约，乡村生态和经济可持续发展矛盾突出（表5-6）。如何平衡生态保护和经济发展之间的关系，转变生态优势为产业优势，增强农民生活水平，是该地区乡村可持续发展的主要任务。

关中地区三大乡村类型的制约因素和关键矛盾　　　表5-6

类型	主要制约因素	关键矛盾诊断
北部黄土沟壑整体滞后区	水资源较缺乏，生产条件恶劣 自然生境脆弱，水土流失严重 产业结构单一，脱贫难度突出	生态修复和扶贫脱困
中部渭河平原相对发达区	农业方式粗放，生产效率较低 城市扩展蔓延，侵蚀农村空间 发展同质模仿，建设质量欠佳	利用效率和建设质量
南部秦岭北麓相对滞后区	地形条件复杂，可用空间有限 特色产业薄弱，设施配套滞后 过度开发建设，生态环境脆弱	生态保护与经济发展，将生态优势转变为产业优势

3）地方模式构建

（1）北部生态修复和扶贫脱困联动模式

根据制约因素不同可将农村贫困类型分为资源性贫困、生产性贫困、主体性贫困、政策性贫困。渭北黄土沟壑区受水资源缺乏、生产条件恶劣、自然生态环境脆弱、水土流失严重等因素制约，贫困现象更加复杂，脱贫任务更加严峻。农村发展面临生态修复和脱贫致富的双重挑战，如何在满足生态环境承载力的前提下促进乡村经济发展、提高农民收入水平、提升农民生活质量、改善农村人居环境是该地区乡村可持续发展的重大课题。为促进该地区乡村可持续发展，本书提出适宜区域特征的生态修复和扶贫脱困联动模式，紧扣地域发展的关键矛盾，从农业生产方式转变、农民精准扶贫、自然环境污染治理、生态环境修复工程等方面入手，提倡旱作节水和循环高效等可持续农业，加快矿山修复和水土流失治理，推进农村蓄水节水设施配套和技术升级。

①调整乡村产业体系，提倡旱作节水农业

一方面挖掘和培育农村新的经济增长点，结合渭北地区特色窑洞、传统村落、民俗文化、历史建筑等资源，发展传统村落遗迹访寻和乡村历史文化研学等乡村新型产业，从而拓宽地方增收渠道，提高农民经济收入。另一方面提倡旱作高效农业，调整农产品类型，引进抗旱、高产和稳产的农作物品种，确定合理的粮、经、饲种植比例，优化农产品类型结构，结合土壤气候条件选择苹果、花椒、杂果等耐旱型农产品。充分利用有限的光、热、水和土地资源，以节水、节地、节肥、节能为重点，优先采用节水补灌、水肥耦合、耕作保墒、化学抗旱等田间工程和灌溉管理技术。

②依托精准扶贫工程，改善农村生活条件

渭北旱腰带地区是我国重点的连片贫困区，是关中地区精准扶贫的主要对象之一。按照"政府主导、多方帮扶"的工作机制，一方面依托中心社区或居民点集中配套教育、文化、体育、医疗、养老等公共服务设施，缩小城乡差距，提高农民生活质量。另一方面，依托精准扶贫工程，促进农用地规模化经营，整合村庄闲置土地和废弃宅基地，提高土地集约利用效率。此外，加快地区农村基础设施的配套，尤其是农业灌溉设施、蓄水保水设施。结合自然缓坡、阶地、道路、沟道、场院等地形特征，大力建设"窖井节灌"和"淤地坝"等雨水收集设备，通过调节集蓄天然降水解决水资源的时空错位问题。配套农田滴灌节水设施，在农业耕作中引入喷灌、微灌、管道输水灌溉、地膜覆盖和渠道防渗等灌溉保墒方法，确保土壤水分和田间集蓄雨水的高效使用，从而实现农业可持续发展。

③以矿区生态修复为重点，改善人居环境

渭北部分地区因石材和矿产资源较为丰富，出现大量开山取石和开山挖矿的行为。尤其是渭南韩城至铜川耀州一带，集中了大量的煤炭资源，被称为渭北"黑腰带"地区。由于矿产资源的无序开采和粗放开发，导致矿产资源快速枯竭、水土流失加剧和地质灾害频发等系列环境问题。针对这种情况，拟以矿区生态修复为主要途径，积极开展矿产资源"三保三治"行动，逐步增强对矿山的整治力度以及老矿区的环境治理工作，以改善采矿塌陷区农民生活水平和生态环境质量。首先，由于采矿活动引发地面沉陷，造成水土流失、地面裂缝、植被破坏等生态环境问题，致使农民无法在原址生活居住，需要进行移民搬迁和集中安置。这种搬迁行为往往由政府和开采企业联合引导，在人地关系紧张的情况下，可考虑多层建筑结构，减少对农田的占用，增强土地利用效率。在安置点选择时尽量避开采矿塌陷区和地质灾害频发区，同时切实解决农民住房、饮水、就医等民生问题，减少矿区塌陷对农民生活的影响。其次，矿区生态修复的最终目的是解决农民生产问题以及采矿塌陷区的生态环境问题，应积极开展塌陷治理和土地、植被恢复工作，构建合理生态修复机制，缓解地面裂缝、崩塌、滑坡、泥石流等地质灾害。

（2）中部效率提升和质量优化同步模式

中部平原区乡村发展处于相对领先地位，城镇化水平较高，经济实力较雄厚。乡村可持续发展主要受农业方式粗放、生产效率较低，城市扩展蔓延、侵蚀乡村空间，建设质量不高、资源浪费严重等因素制约，该地域关键矛盾在于效率和质量间的平衡。因此，本书拟构建效率提升和质量优化同步模式，旨在提高乡村建设的实际效率，从而推动城乡统筹发展。

其一，以农业现代化为推动力，建立规模化生产、高品质加工和互联网销售一体化产业链。以农村土地制度创新为契机，加快农用地经营权向家庭农场、农民专业合作社、涉农龙头企业等新型规模化经营主体流转，提高农业生产效率。其二，加快农村居民点整合。整合节约的土地可用于发展乡村旅游或观光农业等特色经济，或借助城乡建设用地增减挂钩和经营性集体建设用地入市的政策平台，盘活乡村建设用地资源。其三，兼顾公平与效率的原则，构建以镇—社区—村为主体的三级公共服务设施配套体系，在增加公共设施投放规模的基础上，提高设施的使用效率，同时加强设施的管理和后期维护。其四，以农村环境连片整治和美丽乡村建设为抓手，提升农村人居环境。同时构建乡村生态绿道体系，串联村庄绿地和开敞空间，形成点—线—面结合的生态安全格局。

（3）南部生态优先与特色经济共赢模式

当前秦岭北麓农村发展受地形条件复杂、可用空间有限、过度开发建设、生态环境破坏等因素制约，面临经济增长、设施配套完善、生态环境保护等多重挑战。

在此背景下，构建生态优先与特色经济共赢模式，在生态格局安全稳定的前提下，将生态优势转变为产业优势，培育乡村旅游、休闲农业、特色养殖等产业类型，激活农村发展多元动力，增强乡村经济实力。

①发展特色农产品，提高农业生产效率

其一，以市场为导向，以立体化、高效化和循环化为原则，提高资源利用效率，形成低投入高产出的农业生产模式，适宜于丘陵山区等区域。利用独特的坡地和沟谷地形，根据垂直高度的差异性，采取立体分层生产模式，通过农产品类型和耕作方式的合理组织，实现地域经济收益的最大化。在地形平缓的坡底地区，宜种植粮食、蔬菜、果业等作物，此后随着高程的增加，坡度逐步变大，不宜进行耕作，应实施"退耕还林（草）、封山绿化"工程，防止水土流失。其二，发展生态循环农业，提高农业系统物质能量的多级循环利用，最大限度地减轻环境污染，实现生态的良性循环与农业的可持续发展[47]。针对不适宜农业发展的陡坡地区，充分利用林下土地资源和林荫优势，可考虑从事林下养殖（家畜、野生动物）和林下种植（药材、菌类）等立体循环畜牧模式，拓展林业的经济功能，实现生态保护和经济发展的和谐共生。同时按照集聚化、规模化和标准化的发展思路，建设专业化生态养殖基地，以生猪、羊、野鸡为重点，实施板块推进，促进规模扩张。其次，在有限的空间内分层配置各类牲畜，如上层养鸡、中层养兔、下层养猪。通过"种—养—沼气"、"农—林—牧"、"粮—果—牧"、"林—果—牧"、"种—养—加"、"玉米生产—牛羊生产—沼气利用—渣液还田"等生产方式，促进循化畜牧业发展，提高土地利用率，实现经济效益的最大化（图5-10）。

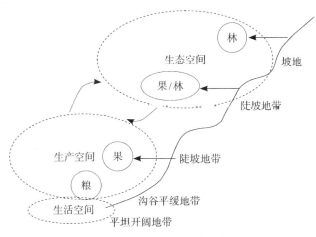

图5-10 立体高效农业发展思路图

②依托优势资源，积极培育乡村生态旅游

依托优越的生态资源，着力推进农村一、二、三次产业融合，特别是加快生态农业、休闲观光农业、乡村旅游等特色产业的发展，培育农村新的经济增长点，提高农民收入水平。如关中南部秦岭北麓地区峪口资源丰富，是独特的地域景观。在乡村可持续发展过程中，可将峪口旅游和村庄建设捆绑发展，依托峪口优势资源带动周边村庄发展农家乐等旅游服务业，促进农民增收致富。同时村庄建设为峪口旅游提供服务支撑和入口空间功能等，两者捆绑发展共同打造峪口旅游发展综合体。在发展时平衡峪口旅游和生态保护两者间的关系，加强教育宣传，提倡农民参与保护方式。其次，针对当前旅游特色不明确、人地矛盾突出、峪口生态污染、农家乐同质竞争等现象，应树立大峪口地域格局的理念，整合峪口生态环境和村庄建设。最后，组织科学编制峪口发展规划，按照产业区、生活区、峪口区等功能分区，合理安排土地利用方式，实现峪口旅游与村庄建设捆绑发展，促进经济与生态环境可持续发展。

③加快秦岭国家公园建设，维护生态安全格局

一方面减少人类开发建设对生态环境的影响，对位于生态保护区的村庄实行严格的搬迁移民，对村庄旧址进行复耕或生态还林。另一方面增强对秦岭北麓生态格局的管控力度，依法拆除违法违规建筑，恢复农地林地，恢复生态植被。以天然林资源保护和退耕还林工程为核心，将人工造林与封山育林相结合，退化林修复与中幼林抚育、乡村绿化相结合，构建区域性国家公园体系。

5.4.2 类型模式

乡村可持续发展模式具有空间尺度特征，地方模式侧重区域中宏观层面，对村庄层面的指导价值有限。故此处着眼村庄微观尺度，按照"类型划分——问题审视——模式演绎"的构建方法，提出适宜不同类型村庄的可持续发展模式。此处需要明确的是，在实际工作中村庄发展往往具有综合性和复杂性，村庄的可持续发展需要多种类型模式的叠加使用。

部分学者从村庄与自然地形的关系入手，将村庄类型分为河谷、浅山和垲山村庄三大类。有些学者从村庄与城镇的空间距离出发，将其分为近郊村庄、远郊村庄和偏远村庄。或从主导产业入手，将其分为农业型、旅游型、商贸型和劳务输出型。或综合考虑将其分为控制发展型、引导发展型和鼓励发展型三大类[48]。部分

学者从经济、建设和生态平衡三维视角出发将村庄分为全优均衡型、经济滞后型、建设滞后型、生态滞后型、整体落后型等[49]。从现有研究成果来看，国内对村庄类型的划分多从其表现特征入手，较少以现实问题为导向进行分类研究。为提高可持续发展模式的实效性和针对性，建立问题导向下的村庄分类体系具有重要价值。

本书从乡村建设和可持续发展四大系统维度出发，综合考虑村庄产业经济、空间利用方式、设施配套条件和人居环境情况等因素，将关中地区村庄分为产业经济薄弱型、空间利用粗放型、设施配套滞后型、人居环境恶劣型等。在实际工作中，每个村庄并不属于单独某一类，多数村庄是各种问题并存的，即可能同时属于经济滞后型和设施滞后型或者人居环境恶劣型和空间利用粗放型（表5-7）。

关中地区村庄类型划分　　表5-7

村庄类型	具体阐述
产业经济薄弱型	农产品类型单一且经济效益欠佳，村庄整体实力薄弱。针对这类村庄，应以优化产业类型、提高生产效率和增强产品附加值为重点，逐步实现村庄经济增长
土地利用粗放型	伴随着人口流失和空心村、老龄化等特征，部分村庄宅基地空置化现象突出，公共空间利用率不高，农用地仍以传统分散家庭耕作为主，土地利用绩效有待提高
公共设施滞后型	通过实地调研和农民主体满意度的分析，部分村庄文化设施、养老设施、安全饮水、污水处理设施等仍相对滞后，生存条件亟需改善
人居环境恶劣型	面临农业面源污染、环境卫生整治、生态系统保护等多重挑战，特别是渭北黄土沟壑区，水土流失、矿山开采和地质灾害等现象较为突出，严重影响了农民的生活质量

1）产业经济带动型

（1）现代农业模式

该模式以农业规模化经营为前提，将农用地逐步向家庭农场、现代农业园区、农民专业合作社、龙头企业等新型农业主体集聚。在生产过程中，提倡防病虫害、节水灌溉和温室大棚等先进技术，提高农产品的科技附加值。现代农业突破了村庄生产和初级加工的局限性，不断延伸农业深加工、产品包装、品牌维护、市场推广等产业链，实现了农业产业化发展。该模式适用于经济基础较好，农业生产条件便利，地势平坦且便于规模化经营的村庄，常见于中部平原相对发达区。

（2）劳务输出模式

远离城镇地区的村庄因农业生产条件欠佳、农产品经济收益有限等因素，导致大部分农民进城打工，长期在城乡间流动，形成了特殊的农村群体"农民工"。部分农民找到相对稳定的工作，举家搬入城市，导致原村庄人口规模逐步缩小。劳务输出模式适用于资源优势不明显、生产条件欠佳、经济来源有限和经济水平较低的地区，是关中地区乡村经济增长的主要方式，在南部秦岭北麓相对滞后区和北部黄土沟壑整体滞后区尤为常见。

（3）乡村旅游模式

关中地区拥有独特的民俗文化和丰富的乡土遗产，南部秦岭北麓地区生态环境优越，自然风光秀美，具有发展休闲农业、观光采摘、文化体验、乡村旅游的潜力。通过政府主导、市场介入和农民参与等方式，积极开发乡村旅游产品，在农业耕作的基础上，融入休闲、观光、文化、体验、养生等元素，促进"农业+旅游"融合。同时配套民俗博物馆、农家乐、民宿、卫生公厕、停车场等旅游服务设施，提升乡村旅游的质量。该类模式适用于交通区位优势明显，生态环境优美，文化资源丰富，地域风貌显著的村庄。

（4）农村电子商务

围绕水晶红富士、周至猕猴桃、户县葡萄、临潼石榴等特色产品，依托淘宝、天猫、京东等互联网电商平台的发展，借助国家推进"互联网+"的契机，特色村庄应加快培育农村电商主体。以"淘宝村"、涉农网站和微信推广平台为基础，打通农副产品销售渠道，推出订单式服务。积极发展B2C、B2B电子商务模式，创建"电商+实体店+第三方销售+体验式营销"产销体系，加快企业、农户与市场的信息对接，完善新型农业生产经营体系。再者，整合农村物流仓储配送、咨询服务、包装设计等关联产业，促进产业集群发展。此外，加快网络基站和物流基础设施等建设，加大政府对电子商务的政策优惠和资金扶持，鼓励返乡人才自主创业，促进农村三次产业融合发展。

2）土地利用高效型

针对关中地区农村土地利用低效的现状，本书将从农业用地和居民点建设用地两方面入手，倡导循序渐进的整合方式，促使农用地逐步向家庭农场、农民专业合作社等规模化经营主体集聚，切勿"大跃进"。

（1）农业用地

①农业园区示范模式

现代农业园区以工程技术、生物技术、信息技术等现代科技为支撑，是农业规模化和现代化发展的重要载体，具有科技化、生态化、产业化和集约化特征，是集种子培育、农业生产、加工销售、示范推广、科研培训、旅游观光等功能于一体的综合化园区,对实现农业可持续发展具有重要价值。一般适宜于地形平坦且耕地连片分布的地区,有利于农业组织生产和统一经营管理。

首先,增强现代农业园区对地区的带动示范作用,结合一村一品工程,加快农业专业化和特色化发展,建设蔬菜、水果、花卉、苗木等多种农业园区,促进农业多功能化发展。其次,加大对现代农业园区的农业科技投入,减少化肥、农药等化学物质外部投入,倡导绿色农业和有机农业等新理念,提高农业生产效率。最后,打造"生产—加工—销售"一体化产业链条,实现统一耕作、统一管理、统一销售的运作体系,推动农业产业化发展。

②龙头企业引领模式

龙头企业对调整乡村产业结构、提高农产品附加值、拓宽农民增收渠道以及乡村可持续发展具有重要意义。针对关中地区农村基层政府能力有限和农民专业化意识滞后的现状,可考虑引入龙头企业,促进资本下乡,盘活农村资源。一方面,通过土地流转等手段,将农户零散土地集中整合流转给龙头企业。发挥龙头企业技术、人才、资金、信息等优势,促进农业生产逐步向规模化、专业化和科技化转变,提高农产品附加值,增强其市场竞争力。另一方面,围绕农业规模化生产,以龙头企业为主导,整合地区物流、人力资源、农业技术、信息咨询等各项资源,打造集生产、加工、销售、品牌包装等多功能于一体的现代化产业集群。此外,鼓励龙头企业吸纳周边农村剩余劳动力,实现企业发展与农民增收的双赢局面。

③专业合作社带动模式

农民专业合作社是在农村家庭联产承包的基础上,将同类农产品经营者联合起来的互助性经济组织。根据《中华人民共和国农民专业合作社法》规定,合作社应当有5名以上成员,可包括初具规模的家庭农场。相对而言,农民专业合作社更强调对农产品销售、运输、储藏、加工等资源的整合。通过实际考察和问卷访谈,发现关中地区部分村民反映并未听说过专业合作社,部分对其内涵特征和运行机制并不了解。在这种背景下,基层政府应加强农民专业合作社的宣传推广力度,在全面认知合作社优势的基础上,鼓励农民自愿加入合作社。同时,加强农民专业合作社的示范评定工作,对优秀合作社进行表彰和经验推广,从而推进关中地区专业合作社的发展。规范农民专业合作社登记挂牌制度,避免争戴合作社的"红帽子",套取国家扶持资金的现象。加强合作社民主管理,完善资金安排、岗位职责和利益分配等制度,减少内部矛盾及纠纷。再者,加快农场土地流转制度创新,明确专业合作社的产权关系。在此基础上，完善农村金融借贷政策，切实解决专业合作社发展资金不足的问题。此外，健全利益联结机制，采取订单合同、股份合作、服务协作等多种方式，建立农民专业合作社、家庭农场和农户风险共担的利益共同体。

④家庭农场建设模式

2013年，家庭农场概念首先出现在中央一号文件中，是在家庭联产承包的基础上，以家庭成员为主要劳动力，采用承包和租赁等土地流转方式，从事种植业、养殖业、休闲观光农业等，具有规模化、集约化和产业化特征。与现代农业园区和涉农龙头企业等具有显著不同，家庭农场的经营主体为农户，是所有者、劳动者和经营者的统一体。截至2015年底，陕西省共有7203家经过农业部门认证的家庭农场，经营土地90.6万亩。2017年《陕西省家庭农场资格认定办法》颁布，有效推动家庭农场建设。整体来看，家庭农场数量持续增加，然而面临土地流转滞后、规模效益不佳、建设资金不足、政策体系不完善等问题。今后，关中地区应从以下方面入手，加快家庭农场建设：首先，加大家庭农场相关政策的宣传力度，使农民主体意识到家庭农场是促进增收的有效途径。同时积极实施国家/省/市/家庭农场示范点工作，发挥典型示范作用。其次，完善家庭农场认定、注册、登记、监督、管理等政策制度和资金扶持等优惠政策配套，促进家庭农场规范化建设。再次，开展农民教育和技能培训，提高其知识水平，促使其掌握先进生产技术，将其培养为懂农技、善经营、会管理的新型职业农民。最后，加快农村土地流转和农村金融体制创新，消除家庭农场顺利建设的体制障碍。

（2）居民点建设用地

伴随着城镇化的持续推进，乡村地区必将出现人口规模减小及用地规模收缩的现象。在这种背景下，关中地区应逐步推进农村居民点整合，实现农村空间的集约高效利用。根据村庄居民点空间位置是否发生变化，本书将居民点建设用地利用模式总结为旧址改造型和拆并整合型两大类。

①旧址改造型

在现阶段来说，该类型是关中地区村庄建设相对适宜的方式，具有资金压力小、建设成效快、农民满意度高等优势，适用于自然环境安全、交通条件便利、人口规模平稳、空间持续稳定的村庄。根据建设内容和改造方式又可分为局部优化型和全面改造型两大类。局部优化型适用范围较广，通常由地方政府或村集体主导，对村庄道路、给排水、公共厕所、巷道绿化、活动广场、废弃宅基地、民居外墙面等进行修缮和建设，局部优化是目前关中地区乡村建设的主要方式。相比而言，对村庄进行全面改造，资金需求较大，往往需要地方政府、村集体或企业共同投资，建设期限较长。该模式适用于优势资源明显，基础条件较好和交通条件便捷的村庄，如袁家村、白鹿仓、上王村、簸箕掌村等。全面改造型模式着眼村庄整体格局，对村庄建筑高度、立面结构、外墙形式、巷道肌理、景观风貌、产业体系、空间功能、土地利用等进行统筹安排，致力打造具有独特风貌和鲜明特征的品牌村庄（图5-11a）。

②拆并整合型

为提高农村居民点建设用地的集约化程度，结合关中地区的实际情况，本书提倡自然村合并型、扶贫搬迁型、生态移民型、并入城镇型和中心社区型五大整合方式（图5-11b）。

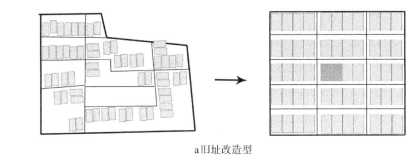

a 旧址改造型

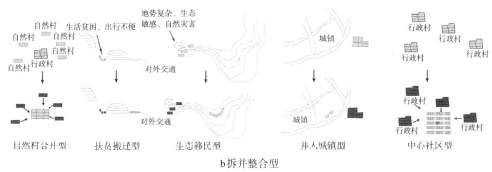

b 拆并整合型

图5-11 关中地区村庄土地利用高效模式示意图

自然村合并型：关中地区1个行政村涉及3~10个自然村，自然村人口规模较小且持续萎缩，基础设施滞后，空间布局分散，增加了地方政府公共设施供给的压力，同时不利于土地的集约利用。因此，关中地区可将自然村合并作为下一阶段新农村建设的重要方向。依托行政村或者中心村，将周边若干小规模自然村搬迁并集中安置到行政村外围，共享行政村或中心村的公共服务设施资源，提高居民的生活质量和人居环境。

扶贫搬迁型：受地形条件制约，关中部分农村居民点位于山区，规模较小且布局分散，设施配套无法达到规模门槛，导致村庄基础条件较差，出行难、生活难、上学难、医疗难等问题较为突出。扶贫搬迁以整村搬迁和村庄拆并为主要方式，将多个布局分散的居民点集中安置在交通便捷且平坦开阔地区，并配套基础设施和公共服务设施，改善人居环境面貌。适宜于关中北部和南部山区等地形复杂且极度贫困地区，整合资金由国家补助和农民自筹共同承担。具体推进思路如下：首先评估关中地区农村居民点的发展水平及整合潜力，按照"逐步推进、梯度搬迁"的原则，确定扶贫搬迁的居民点名单、搬迁时序及推进步骤。优先整体搬迁人口规模小、空间分布稀疏、人居环境恶劣和出行条件不便等村庄。之后可采用分批次逐步搬迁的方式，为经济条件允许的家庭提供搬迁机会。在居民点整合过程中，借助精准扶贫、危房改造及空心村整治等政策机遇，搭建以"国家补贴和农民自筹"为主的资金筹措平台，统筹旧址拆迁、异地安置和生态保护等各项支出。扶贫搬迁由政府主导，按照先建设后搬迁的原则，采取自然村合并、行政村合并和中心村集聚等多种手段，将位于沟底或陡坡的居民点集中安置在地势平台且出行方便的地带。同时对居民点旧址进行土地复耕或者退耕还林（草），从而提高土地资源利用效率。易地扶贫搬迁对改善地区贫困现象具有显著作用，有利于农民生活质量的改善，有利于土地利用效率的提升，有利于公共服务设施的配套，有利于生态环境的保护。

生态移民型：针对部分受山洪、滑坡、泥石流等地址灾害影响的村庄或位于水源地、自然保护区、森林防护区和湿地保护区等居民点，宜采用整体搬迁的方式，逐步将受影响村庄迁至地势平坦、安全稳定且交通便捷的地方集中安置，减少居民活动与生态环境的相互干扰，实现地域农村人口、资源和生态协调发展。主要适宜于北部旱腰带、秦岭北麓、水源保护地和自然保护区等生态功能显著的地区，整合节约的土地资源主要用于还林还草等生态建设。主要推进思路如下：首先评估及划定关中地区生态安全性等级和管制分区，明确地质灾害频发区、水土流失区、水源保护区、生态防护区等地理区位和空间边界，划定其影响范围，梳理拟搬迁的居民点数量和分布。在此基础上，地方政府制定生态搬迁方案，明确搬迁范围、整合方式、搬迁时序、建设内容和资金筹措等。整合方式采用小村并大村、自然村合并和整体易地搬迁等梯度转移方式，将受地质灾害影响较大的山区村庄集中安置在山脚平坦区或邻近安全地带。同时在整合过程中宜采取交通干线集聚引导模式，将村庄逐步转移至交通区位条件好的地方，提高农民出行可达性。此外完善搬迁资金援助机制、农民生存就业体制和生态移民补偿机制，政府设立专项资金用于配套相应设施，改善农民生活条件。同时开展移民技能培训、就业咨询平台等，为农民脱贫致富提供出路。

并入城镇型：城镇近郊或城乡结合部的村庄与城镇建成区具有密切联系，未来受城镇化和城市建设用地拓展的影响，其必将被纳入城镇建设用地。为促进区域经济快速发展，地方政府通过征地或行政边界调整手段强制性将农村集体用地国有化，并采用宅基地换房产、宅基地换社保等方式进行补偿。具体推进思路如下：地方政府根据实际发展需求，合理划定城市增长边界，明确将纳入城镇地区的居民点规模和类型。同时根据地区总体规划和相关文件，进行可行性论证，制定村庄拆迁的工作方案、安置区选址、推进时序、补偿标准等。之后采用实际走访、问卷调查或座谈等方式，征集了解农民的搬迁意愿和利益诉求，减少暴力事件的发生。关中地区在村庄整合过程中，可借鉴中东部地区宅基地换房产、宅基地换社保等补偿方法，提高农民对搬迁工作的支持度和满意度。在此基础上，由政府完成征地、拆迁、赔偿工作，并引入开发商进行投资建设。此外，在整合过程中，规范政府行为，切实按照先建设后拆迁的原则，确保农民的切身利益。

中心社区型：将多个行政村合并起来，经过统一规划、建设和管理，采用集中安置的空间组织方式，配套完善基础设施和公共服务设施，最终实现生产规模化、生活市民化、设施均衡化和空间集约化发展。中心社区以农用地经营权流转和农村居民点整合为切入点，将条块状零散化农地向大农场和专业大户流动，有利于土地规模化经营。同时整合布局分散的居民点，减少人均宅基地面积，提高建设用地使用效率，同时缓解公共资源浪费现象，减轻政府财政压力。目前关中地区经济实力有限，大规模推动中心社区建设并不现实，因此可先选择部分村庄进行典型示范，如选择生态优势明显、特色产业突出和产业园辐射区等。根据整合后集约土地指标的流向，中心社区空间整合可分为城乡增减挂钩和村庄自用两大方式。其中城乡增减挂钩即利用农村土地交易平台，将集约的建设用地指标公开拍卖并流入城镇地区，村庄旧址全部进行复耕或还林还草。村庄自用即集约的建设用地指标用于村庄自身发展,如乡村旅游、休闲农业或农产品加工等。为推动关中地区农村整合进程,可从以下方面入手:首先,以城乡统筹和全域发展理念为引导,科学编制农村居民点整合规划或中心社区建设规划,尊重农民的生活方式,确定合理的生活圈半径,慎重选择社区安置点和建筑结构形式。其次,以新型农村社区为载体,配套社区服务中心、医疗卫生、幼儿园、文化站等服务设施,促进设施均衡化配置,改善农民生活质量。总的来说,新型农村社区建设减少了农村人均建设用地指标,有效节省农村建设用地,有利于农业生产规模化发展,是农村空间和社会可持续发展的重要举措。

3)设施配套完善型

根据村庄的人口规模、出行距离及公共设施的类型特征等因素,在配建村庄公共设施时可采用独立分散配套和共享集中配建两大模式。

(1)独立分散配套模式

村庄道路系统、给水排水、电力通信、夜晚照明、农田灌溉等必要基础设施,每个村庄居民点(行政村、自然村)均应独立建设,满足村庄的基本使用需求。教育、医疗、文化和养老等公共服务设施具有一定的规模门槛和服务半径,可根据村庄居民点分布和人口规模的实际情况,考虑分散独立配建。该模式适宜于人口规模较大、自然村数量较多、空间范围较广的村庄。同时对于人口规模较大且自然村较多的村庄,可结合村内空地灵活分散的布置小规模体育活动广场,缩小居民的出行距离,提高设施的可达性和使用频率。

(2)共享集中配建模式

部分设施如幼儿园、小学、便民服务中心等具有一定的规模门槛,在村庄人口流失的现实背景下,单独配置并不适宜,会导致资源的过度浪费,增加政府的财政压力。因此,可采用集中共享的配建模式,依托中心村、新型农村社区或片区中心,按照一定的服务半径(一般来说覆盖2~5个行政村),集中配套幼儿园、便民服务大厅、教育培训室、司法活动室、卫生服务室和文化活动大厅等各项公共服务设施,实现农民服务社区化和生活方式市民化。

4)人居环境提升型

广义的人居环境涉及自然系统、人类系统、社会系统、居住系统和支撑系统[50],是人—地复杂综合体。本研究着眼于村庄微观层面,从狭义范畴出发,认为村庄人居环境涉及村庄自然生态环境和物质空间环境两大部分。其中物质空间环境宜采用村容村貌整治模式和美丽乡村升级模式，自然生态环境可采用可持续农业模式和污染防治模式。

（1）村庄生活环境

追求人与自然的和谐共生，更加强调资源的有效利用，更加关注乡村风貌的营造，更加关注乡村可持续发展。在村庄环境整治及设施配套的基础上，更加强调村庄建设的生态性、特色性和地域性，要求保留村庄原始风貌，而非缺乏特色的"千村一面"。首先，在建设过程中减少对村庄原有生态格局和景观风貌的破坏，延续其自然肌理和文化脉络。避免"千村一面"现象的出现，保护村庄的特色性和地域性。其次，健全乡村规划—建设—实施评估绩效反馈机制，引导控制关中地区美丽乡村健康发展，避免"千村一面"和同质竞争等现象。

（2）自然生态环境

提倡绿色农业、有机农业、立体农业、高效农业、低碳农业等。大力推广节肥增效技术，加快普及测土配方施肥技术，减少氮、磷等营养元素流失。同时采用嫁接、轮作、防虫网和频振式杀虫灯等生态防治和物理防治害虫技术，采用有机肥、生物肥等代替化肥农药，以此减少化学物质的使用量。依托机械化和智能设备，提高肥料和农药的使用效率，避免人工配药"跑、冒、滴、漏"现象，实现精准喷雾[51]。创新推广秸秆饲料、农膜降解、沼气工程、清洁能源等技术，减少农村生产活动对人居环境的影响。此外，针对现存面源污染、河流污染和水土流失等环境问题，基层政府应加大污染治理的资金投入，积极开展以面源污染和水体污染为重点的环境整治工作，禁止化肥使用和污水随意排放，建立村庄人居环境提升的长效管理机制，加强对村庄污染的动态监测。

5.5 本章小结

结合关中地区实际情况，提出了"多产融合、内源驱动"，"均衡共享、和谐宜居"，"因地适宜、集约高效"，"绿色安全、和谐共生"的多维目标价值体系。为弥补关中地区现行发展模式的不足，在该目标价值体系的引导下，本章在构建关中地区乡村可持续发展模式时，高度重视乡村地域差异特征、村庄建设核心问题和农村空间尺度特性，按照"类型划分—问题审视—模式演绎"的建构方法，从中宏观和微观尺度两大层面入手，构建了关中地区"地方模式+类型模式"的双层叠加体系。

从中宏观尺度来说，按照"区域类型划分、关键因素审视、模式演绎归纳"的建构方法，首先从自然地形环境、生态功能重要性、农村发展水平和乡村建设绩效四大维度入手，将关中地区划分为北部黄土沟壑整体滞后区、中部渭河平原相对发达区和南部秦岭北麓相对滞后区三大乡村地域类型。之后以地区关键问题为导向，归纳演绎得到渭北生态修复和扶贫脱困联动、中部效率提升和质量优化同步、南部生态优先与特色经济共赢三大地方模式。从微观层面来说，综合考虑村庄产业经济、设施配套和人居环境因素，将关中地区村庄分为产业经济薄弱型、空间利用粗放型、设施配套滞后型和人居环境恶劣型四大类型。在实际工作中，村庄发展受地方模式和多种类型化模式的叠加引导，有效增强建设的针对性和实效性。

第六章

关中地区乡村可持续发展的规划技术创新

本章立足城乡规划学，在前文反思现行乡村规划技术体系的基础上，以可持续发展为价值导向，从体系结构、内容框架、技术方法、保障策略等方面入手，对乡村规划技术体系进行完善和优化，为推动关中地区乡村可持续发展提供技术支撑（图6-1）。

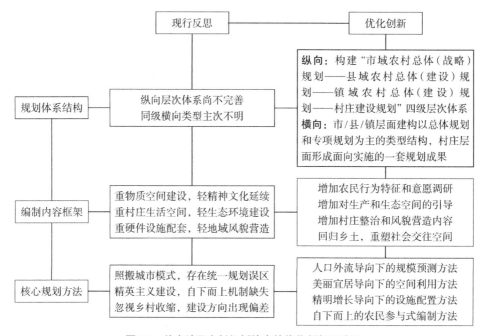

图6-1　关中地区乡村规划技术的优化创新思路图

乡村地区是城乡建设发展的重要组成部分，受"重城轻乡"思路的影响，长期以来我国乡村规划的地方实践和理论研究均处于滞后状态。乡村规划的萌芽最早可追溯至20世纪80年代改革开放后，随后针对农村居住空间、村镇体系和基础设施配套的理论研究和规划方法的探讨逐步增多。同时我国陆续颁布了《村庄和集镇规划建设管理条例》（1993）、《村镇规划标准》（1993）和《村镇规划编制办法（试行）》（2000）等相关法规和技术标准，至此乡村规划进入了有法可依的缓慢发展阶段。2005年以来，随着城乡统筹理念的深化及新农村建设战略的提出，地方政府积极推进村庄规划的全覆盖。2008年《城乡规划法》的颁布奠定了乡村规划的重要地位，明确将乡规划和村庄规划纳入城乡法定规划体系。2014年6月，住建部公布《关于做好2014年村庄规划、镇规划和县域村镇体系规划试点工作的通知》，并将县域村镇体系规划调整为县域乡村建设规划[52]，由此可见国家逐步重视农村规划和建设工作，乡村规划迎来了黄金发展期。总的来说，我国乡村规划尚处于发展阶段，具有起点低、起步晚和挑战多等特征，法理基础薄弱、编制体系尚不健全，编制方法仍较为传统，相关政策法律和行业标准尚不完善（图6-2）。

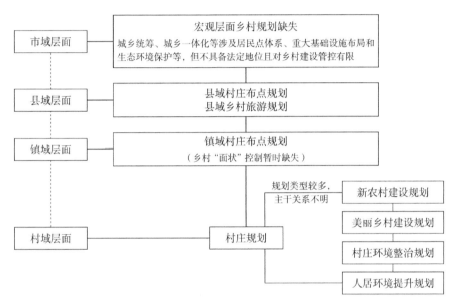

图6-2　关中地区现行乡村规划编制体系

前文对关中地区乡村建设绩效的影响因素进行分析，认为：规划技术媒介作为统筹各项投入资源空间布局和指导村庄建设实施的重要手段，其技术缺陷和不足将直接制约关中地区乡村可持续发展的进程和成效，有待进一步优化和创新。整体来看，现行乡村规划技术体系存在以下不足：①规划理念仍以孤立点为主，缺乏对村域或乡域的全局统筹意识。②规划体系不健全，纵向层次结构不完善，村庄规划缺乏上位规划。横向规划类型众多，主体规划地位不清晰，各类规划的衔接性和融合度欠佳。③规划内容仍以物质空间为主，对村庄风貌、历史遗产、文化风俗、休闲游憩等关注度不足。同时规划内容千篇一律，缺乏针对性和地方化调整，导致村庄地域特色缺失。④规划方法与当前时代背景呈现出不适宜性，对农村人口流动、空心村、老龄化等现象认识不够，导致规划成果脱离村庄实际情况，规划可行性欠佳。⑤村庄规划建设标准尚不健全，同时规划实施及动态监测体系尚不完善。

6.1 规划体系结构调整

目前,关中地区乡村规划编制层次体系尚未完善,多侧重微观村庄尺度,忽视宏观管控,存在同等级横向规划主次地位不清,内容交叉重复等问题。一方面,从地方实践和理论研究均可发现,乡村规划陷于"就村论村"的现实困境,"个体"式的"点"规划特征明显。尽管省域(区域)城镇体系规划和市域城市总体规划等对乡村管控的内容有所涉及,但其规划内容的针对性和深度无法引导乡村地区健康高效发展[53]。村庄布点规划和村镇体系规划等中观层面更多关注中心村选择、村庄合并、人口转移等内容,缺少对乡村建设规模和建设活动的约束,忽视乡村非建设用地的统筹。微观层面以单个村庄为载体,规划名称多样,主次地位不明。乡村规划体系除了纵向层次不完善的问题之外,还存在各层次规划的衔接不够,彼此脱节等现象。因此,关中地区应重新调整其村庄规划体系,明晰各规划类型的主次从属关系。

6.1.1 纵向层次体系

当前乡村规划的纵向层级体系已得到部分学者的关注,如有学者基于空间尺度和行政管辖构建县域乡村总体规划、村域规划、村庄建设规划三级体系[54]。有学者从城乡统筹角度提出"市域新农村体系规划—区县域新农村总体规划—镇域新农村建设规划—村级规划"四级层次体系。本书在借鉴现有研究成果的基础上,从城乡统筹视角出发,按照"中宏观严格把控+微观弹性建设"的原则,提出乡村规划应形成以"市域乡村总体(战略)规划—县域乡村总体(建设)规划—镇域乡村总体(建设)规划—村庄建设规划"为主线的四级编制体系。

市/县域中宏观尺度以底线管控为主,按照"先底后图"的原则,划定城市增长边界、基本农田保护红线和城乡生态控制线等。针对各类管制分区明确禁止和限制的行为活动,强调对下位层次乡村发展和建设活动的限制和引导。县/镇等中观层面具有承上启下的过渡作用,是落实乡村空间管控体系的重要阶段。县/镇农村总体(建设)规划应包含农村人口规模预测和流动趋势分析、乡村建设用地规模预测和边界控制、村庄居民点体系、乡村空间发展格局、乡村重要基础设施和公共服务设施建设、乡村生态环境保护、乡村建设风貌控制导则等内容。村庄微观层面主要面向建设实施,侧重对村庄土地利用、空间布局、公共设施、环境卫生、绿化景观、公众参与等要素的统筹安排。

6.1.2 横向类型体系

目前，乡村微观层面规划横向类型多样，主干关系不明。这种现象的深层次根源在于，一是乡村规划体系尚未健全，处于无法可依阶段。同时乡村总体规划处于相对空缺状态，而各类专项规划类型杂乱。二是乡村空间的割裂化及多部门管理，村庄土地利用规划、村庄建设规划、乡村旅游规划的编制权利分属国土、建设、农业、旅游等不同部门[55]。针对上述情况，应从以下三方面入手：一是在乡村规划编制体系的结构框架内，在市/县/镇层面加快建构以总体规划和专项规划为主的横向类型结构，专项规划须在符合总体规划的要求下编制完成。二是聚焦村庄微观个体层面，面临镇政府编制主体资金短缺和"上面千万线，下面一根针"的现实环境，村庄规划应以面向实施为重点，整合美丽乡村建设规划和人居环境提升规划等，实现"村庄建设一本规划，村庄空间发展一张图"的目标，提高村庄规划实效性和针对性。三是基于多部门管理，倡导"多规融合"的理念，实现村庄建设规划/村庄规划与农业发展规划、乡村旅游规划等衔接融合[56]（图6-3）。

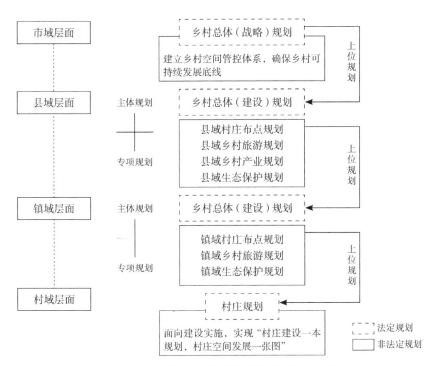

图6-3 关中地区乡村规划编制体系框架示意图

6.1.3 阶段过程体系

2008年《城乡规划法》明确指出规划实施评估的重要性，从实际情况来看，城镇规划的实施评估工作已逐步开展，而村庄规划仍面临"重编制轻评估"的现象。此外关中地区部分村庄规划存在滞后性问题，规划编制时间较长，成果内容与实际情况不符，无法发挥其引导作用。针对这种情况，本书认为应完善乡村规划编制—审批—建设—实施评估—修编（或局部调整）等制度，确保规划的可持续性。首先，加快乡村规划的编制工作，由镇政府或村委会组织相关资质单位编制，报上级人民政府审批并备案。加强乡村规划的空间管制作用与村庄规划的空间实施，避免"墙上挂挂"现象的出现。建议县政府成立农村规划建设监督委员会，不定期对村庄规划的建设落实情况进行考察。其次，建立完善乡村规划的实施评估制度，从规划方案内容完整性、规划编制方法合理性、建设实施完成程度、农民公众满意度等方面入手，每五年对乡村规划、村庄建设规划等进行评估。根据实施评估结果，确定是否需要对乡村规划进行重新修编或者局部调整，解决规划滞后性和指导性不强等问题（图6-4）。

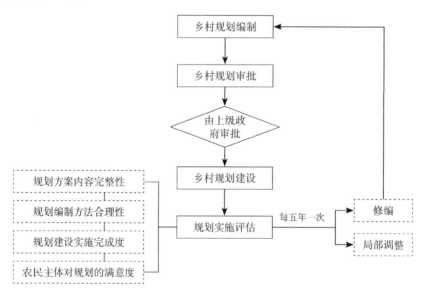

图6-4 关中地区乡村规划的阶段过程控制体系

6.2 编制内容框架优化

乡村规划体系涉及市域、县域、镇域、村域等多级空间尺度，此处聚焦村庄层面，着重探讨面向实施的村庄规划编制框架的优化思路，为增强村庄规划的针对性、有效性和实施性提供保障。通过实地调研和剖析反思得知，现行关中地区村庄规划编制内容以物质空间为主，侧重村庄道路、给排水、活动广场、环境卫生等物质环境，轻视生态空间和社会交往空间。规划内容忽视农民主体的行为特征和利益诉求，导致村庄建设与现实需求出现偏差。在此背景下，本书试图完善村庄规划的编制框架，按照"三生空间协调、物质与精神共建"的原则，充分考虑农民主体需求和地方性特征，延续村庄空间脉络，营造地域特色风貌。

6.2.1 增加村庄农民行为特征和意愿分析

在发达国家，自下而上的规划机制相对健全，公众的意愿表达和广泛参与贯彻到规划调研、编制、建设、评估等各项环节。相较而言，关中地区村庄规划的公众参与度不高，相关机制尚不完善。在可持续发展的导向下，应将农民意愿调查和行为特征分析作为要求性内容，纳入村庄建设规划的框架体系中。一方面在村庄规划编制初期，采用问卷调查、入户访谈、沟通交流等方式了解分析农民主体的年龄结构、行为特征、休闲爱好、实际需求、意见建议等，以此为依据整理为村庄建设规划的基础部分或者附件部分纳入现有框架体系内。另一方面在空间布局和设施配建过程中，充分考虑农民的行为偏好，合理安排活动广场、体育器材、游园、戏楼等。广泛听取农民对村庄建设和空间布局的想法，不断调整优化规划方案。采用简单、清晰、易懂的表达方式，帮助村民对规划方案和建设内容的理解。

6.2.2 增加对生产空间和生态空间的引导

村庄规划的范围应该为整个村域，包括居民点生活空间、农业生产空间和村域内生态空间。然而翻阅关中地区部分村庄规划文件发现，规划内容多聚焦居民点生活空间，部分对村域层面产业体系和功能分区等有所涉及，但研究较显浅，无法为新时期农村发展提供坚实的技术支撑。针对这种情况，应完善村庄规划的内容框架层次，摆脱以物质空间为核心的思想局限，形成以村域和居民点空间并重的建设理念。一是在村域层面，着重探讨生活空间、生产空间和生态空间彼此的协调统筹，确定村域道路系统（村庄主干道、生活区巷道、田间生产道路、生态绿道等）和功能分区（农业生产区、集中居住区、生态休闲区等）。同时妥善处理村庄与周边其他村庄的产业联系、交通联系及资源共享等。二是对各类空间进行具体的布局和安排，使其达到各自内部空间的高效利用。针对物质生活空间而言，控制居民点建设用地的规模，结合人口特征和行为习惯，合理确定房屋、道路、村级活动广场、村委会和卫生室等利用方式。针对农业生产空间，对田间道路进行拓宽和取直等调整，满足机械化耕作的需要。同时完善农田灌溉、生物防虫害、生产辅助设施等配套体系，合理确定农作物类型和耕种方式（套种、循环农业、有机农业等），提高农业生产效率。针对村域生态空间，对其功能价值和敏感性进行评价，在延续农田、山林、河流等生态脉络和确保生态环境稳定安全的基础上，可合理建设乡村绿道和开展乡村旅游，为村民休闲游憩提供场所，同时带动村庄经济发展。

6.2.3 增加风貌营造和文化传承相关内容

为改善村庄人居环境，关中地区形成了以环境卫生整治、公共设施配套和村容村貌整治为抓手的工作思路。从现实情况来看，村庄脏乱差的问题得到了有效治理，然而大规模的粉饰工程也带来了千村一面、风貌同质、文化丧失等新现象，如何使村庄成为"乡愁"的容器载体是关中地区乡村可持续发展亟需解决的问题。从规划编制角度来说，可在现有框架体系中增加村庄地域景观营造、风貌控制导则和空间文脉延续等内容。①充分挖掘地域文化底蕴，延续巷道空间脉络。增加戏楼、游园、石凳、凉亭、栈道和雕塑等文化空间和景观小品，增强村庄地方感。②完善村庄风貌建设导则，对民居形态、建筑结构、房屋立面、空间尺度、色彩搭配等内容进行详细阐述，促进整体风貌和谐一致。在进行建筑结构和外形设计时，融入村庄本土建筑元素，体现农村生活的院落格局。在建筑材质和颜色选择时，可多应用本土建材，营造地域气息浓郁、乡愁随处可见的场所。③针对部分传统村落和历史文化名村，村庄规划应尊重建筑遗产和历史脉络，合理划定保护区，制定相应的修复和活化策略，减少人为活动对其影响和破坏。

6.2.4 回归乡土，重塑村庄社会交往空间

随着私家车的普及和道路质量的提升，导致村庄交通系统以机动车为主，农民

步行空间不断受到挤压，引发系列交通安全问题，同时弱化了农民社会交往活动。在这种背景下，本书认为村庄规划不仅应关注物质环境的建设，同时也应加强农民社会交往空间和精神文化内容的建设。具体来说，可从以下几方面入手：一是调整当前汽车主导的道路组织方式，增设人行道、步道和绿道等慢行空间，按照"关键节点串联、区域均衡网络"的组织原则，通过慢行系统串联幼儿园、便民服务中心、超市、村级活动广场和卫生室等重要空间节点，为农民提供安全的休闲空间和交往空间。二是结合村级活动广场和巷道闲置空间，增设体育器材、滑梯、象棋、乒乓球场、羽毛球场、座椅、石凳、凉亭、绿化植被等要素。同时策划剪纸大赛、秧歌比赛、锣鼓比赛、社火、庙会等文化活动，增加村民社会交往机会。

6.3 核心规划方法创新

关中地区乡村发展面临经济实力薄弱、农民参与意识不强、人口流出现象突出、空心村和老龄化趋势明显、生产方式粗放、地域特色流失等现实问题。人口的大量外流必将推动农业生产从家庭粗放耕作向规模集约化经营过渡，必将促进居民点形态逐步从传统分散型向集中化转变，空间重构和精明增长势在必行。在这种背景下，传统的规划方法已出现一定程度的不适用，故本书从规模预测、空间利用、设施配置、推动机制等方面入手，对传统规划技术方法进行优化和创新。

6.3.1 乡村人口外流导向下规模预测方法

人口规模预测是村庄规划的基础，直接影响村庄建设用地规模和公共服务设施配建水平。当前村庄规划往往以现状户籍人口规模作为基准，来预测规划期末村庄人口规模、建设用地规模和公共服务设施的配套水平。然而随着农村城镇化的快速推进，农村人口流失、空心村和老龄化等特征将日益明显。随着中青年人的大量外流和举家搬迁，村庄户籍人口规模高于实际居住人口，因此当前以户籍人口为基准的预测方法将导致预测结果偏高的现象，致使村庄建设用地规模高于实际需求量，公共服务设施的供给也出现偏高的趋势，由此导致空间利用效率不佳，公共服务设施使用频率低下，造成资源的极大浪费，同时给基层政府带来了沉重的财政压力。因此，今后关中地区在村庄人口规模预测时，应综合考虑城乡流动人口、村庄类型（人口增长区、人口衰退区、人口稳定区等）、地区发展整体环境等实际因素，以村庄常住人口（常年居住或者居住超过5个月）为基准，采用回归分析法、情景模拟法、趋势外推法等多种预测方法，改变传统的以"高增长"为导向的人口规模预测方法，合理确定规划期末村庄人口规模、用地规模和设施配建规模，促进乡村地区的精明增长。

6.3.2 生态宜居导向下村庄空间利用方式

当前关中地区乡村老龄化和空心村现象明显，交通出行方式、农民生活方式和农业生产方式等正在逐步改变，导致现行村庄空间利用方式较不适用，出现粗放低效、照搬城镇模式、尺度感不佳和地方感丧失等现实问题。在这种背景下，本书以可持续发展为导向，认为关中地区村庄空间利用方式应坚持人与自然和谐共生的原则，促进村庄空间集约高效，增强村庄人行空间活力，注重人性化的空间尺度，彰显地域特色风貌，营造农田、山水、建筑等相互协调的美丽乡村，实现"望得见山，看得见水，记得住乡愁"的目标愿景。具体来说：①在村庄建设过程中忌不顾自然环境，随意复制教条式布局准则。应按照"天人合一"的理念，顺应地区山水田园格局，巧借周边自然地形，营造村庄特色景观风貌。②忌照抄照搬城镇化方式，切勿兴建大广场、大建筑、大公园等现象，应充分利用村庄现有闲置地或空地，采用小规模分散布置的方式合理布置活动广场和绿化游园，在活动广场周边种植高大树木，确保村庄整体空间的协调适宜。③避免出现过宽的马路，村道宽度与建筑高度比应控制在0.6～0.8左右，营造人性化的空间尺度感受。④避免大规模移栽樱花或柳树等观赏性较强的行道树，尽量保留原有桐树、榕树、桑树、槐树等本土性树种，采用点、线、面相结合的方式，保留村庄原有绿化景观风貌。⑤避免单一建筑形态的复制粘贴，增强空间利用的韵律感和开合感，提高村庄空间的趣味性。⑥尽量减小机动车对村庄社会交往空间的侵占和影响，切勿盲目进行路面拓宽取直，在延续原有村巷肌理的基础上，完善村庄步道体系，提高村庄宜居性。

6.3.3 精明增长导向下公共服务设施配置

在农村人口流失、空心村、规模收缩和设施低效利用的现实背景下，传统的以服务人口和辐射半径为核心的均质化公共设施配置方式略显不适宜。新时期关中地区农村公共服务设施配置应统筹兼顾公平和效率，从人本主义出发，综合考虑县域居民点体系、乡村地区类型(人口衰退区或人口增长区等)、村庄发展潜力、村庄人口规模及结构(性别结构和年龄结构等)、交通出行条件、村民行为特征和设施偏好、现状设施基础等要素,采用更为灵活的、均衡的、公平的、高效的配置模式,实现公共服务设施的均匀计划配置向分层分异供给转变。

一是以县域/镇域居民点体系和公共服务设施配置体系为依据,结合村庄区位及发展潜力,合理确定村庄公共设施的配置方式,如中心社区共享型、村庄独立配置型、多村设施共享型等。南部秦岭北麓地区和渭北黄土沟壑区受自然地形和交通出行等影响,村庄居民点彼此间的距离较远,应结合实际情况合理选择中心社区—行政村—自然村三级体系或行政村—自然村两级体系,实现公平与效率、数量与质量间的平衡。二是根据村庄人口年龄结构、性别结构、行为偏好及村庄未来发展定位,逐步调整村庄公共服务设施的供给内容和类型结构。针对人口老龄化和空心村的现实背景,关中地区在村庄公共设施配套时应关注老年人和留守儿童等特殊群体的实际诉求,增加养老院、日间照料中心、老年活动室、儿童娱乐场等设施。为提高文化设施的使用效率,避免出现设施闲置现象,应结合农民兴趣和实际需求,丰富图书种类,及时补充更新所藏图书。针对拟发展乡村旅游或休闲农业的村庄可适当增加餐饮、停车、购物、卫生厕所等旅游服务设施。三是按照"辐射半径最佳、平均可达性最好、设施使用效率最高"的原则,采用"集中化为主、分散化为辅"的空间布局方式。集中配套便民服务大厅、教育培训室、司法活动室、卫生服务室和文化站等设施,既增强了农民对公共服务的可达性,同时减轻了地方政府财政压力,提高了公共设施的使用效率。村庄活动广场和体育设施可结合村庄闲置空间采用小规模分散式布局,切忌贪图"高大上",避免资源浪费,实现公共服务设施综合效益最大化(图6-5)。

6.3.4 自下而上农民主体参与式规划方法

农民是乡村建设的参与者和受益者,规划师或专家设计的规划方案未必是农民群体的真实需求。目前,关中地区村庄建设仍以政府官员或专家等精英主导的自上而下的规划方式为主,作为直接使用者的农民主体参与度有限,自下而上的规划方式和运行机制尚未完善和普及。政府官员和专家常年脱离农村,对农民的生活习惯、文化风俗和实际需求等认知有限,导致村庄规划成果不符合地区农民的行为特征,出现部分新村成"鬼村"的现象。同时受知识水平、民主意识、表达机制和参

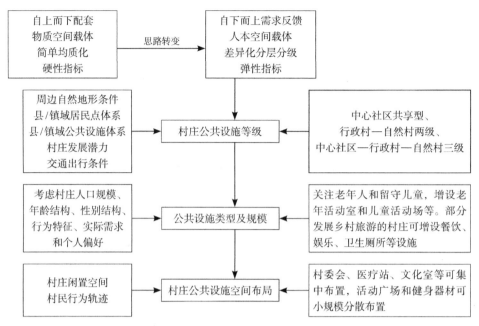

图6-5 精明增长导向下关中地区村庄公共服务设施配置思路图

与途径等因素的影响，农民参与村庄规划建设的积极性不高，始终处于配角地位，最终导致规划方案的适用性降低。

为提高规划的满意度和合理性，应提倡自下而上参与式规划方法，以村民意愿为出发点，使农民参与到前期准备、规划编制、公式审批、建设实施和后期评估的各个环节。在规划前期阶段，采用问卷调查和入户访谈的方式深入了解地域农民的生活习惯、行为方式和实际需求，组建村民规划小组和规划工作坊，跟进整理相关资料。之后规划专家连同规划小组聚焦村庄发展关键问题和主要内容，制定战略目标和建设内容，并定期开展规划讨论会，提高公众参与程度。在规划方案审批和公示阶段，广泛听取农民的意见和建议。同时注意规划成果的可读性，用村民能看得懂的图片或语言文字来表达规划的核心内容，确实提高村民的参与程度（图6-6）。

6.4 相关保障策略完善

6.4.1 全面推进驻村/镇规划师制度

我国规划师长期以来以城市地区为主要研究对象，对乡村空间和村庄规划认知

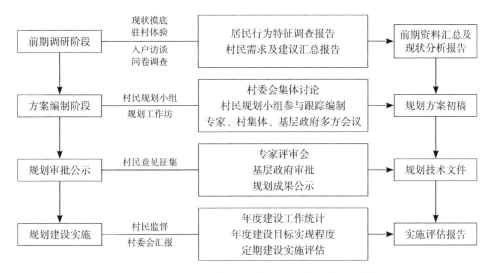

图6-6 关中地区自下而上农民参与式村庄规划流程图

深度不够,导致规划效果欠佳。同时早期的人才培养也是以城市规划师为主,乡村规划人才短缺。针对这种情况,关中地区可从以下两方面入手,一是加快乡村规划人才的培养,按照《注册城乡规划师职业资格制度规定》,加强对乡村规划师的认定。二是全面普及驻镇/村规划师制度,给每个社区或者中心村配套一名固定的规划设计人员。驻村规划师负责收集农民的规划设想,并将其反馈给镇级相关部分或规划编制单位。负责鼓励农民参与到规划编制、建设、实施等各环节,促进自下而上规划机制的形成。同时驻村规划师应定期向农民普及相关知识,提高农民对村庄建设的积极性。通过"政府/专家主导、驻村规划师协调、农民主体参与",最终提高村庄规划的公众满意度。

6.4.2 实施规划评估动态监测体系

关中地区乡村发展"只管投入,不管效率"的现象较为突出,乡村建设监测和评估环节缺失,对乡村建设的实施效果缺乏反思,导致公共资源的严重浪费。有些发展较好的村庄常年受到政府投资扶持,而其他村庄则无缘获得国家扶持,导致区域差异逐步增大。同时,乡村建设涉及大量资金投入,容易滋生腐败讨巧行为,如有些农民专业合作社蓄意套取国家资金,名存实亡。针对这种情况,地方政府应加强对村庄建设中资金使用和项目安排的监督和管理,提高资金使用效率。关中地区应从资金管理、项目审批、规划建设、实施效果等多方面构建乡村建设绩效评估体系，定期对关中地区农村建设情况进行审查和监督，同时建立考核奖励制度，对上年度表现优秀的村庄可继续支持，对于资金乱用且效果较差的村庄则考虑取缔其资助资格，同时扶持范围向发展滞后的村庄倾斜，逐步减小区域内部的差异。

6.4.3 设立村庄规划编制专项资金

从现实情况来看，村庄规划成果质量良莠不齐，与预算资金有一定关系。目前，从事村庄规划编制的设计单位多数资质有限且规模较小，一定程度上导致了村庄规划成果欠佳、实施性较弱的问题。针对这种现象，关中地区应设立村庄规划编制专项资金管理制度，结合国家新农村建设和扶贫资金等，合理安排好资金预算和调度，确保村庄规划编制专项资金的落实。此外，成立村庄规划编制专项资金的监督体系，杜绝贪污腐败现象的发生，切实确保资金用于规划编制工作，发挥专项资金的最大效益。

6.4.4 搭建乡村规划数据共享平台

我国基础数据收集高度依赖于行政管辖单元，受"重城轻乡"观念的影响，乡村地区各项数据指标极为缺乏，导致无法对乡村可持续发展进行动态监测和实时评估，严重影响了相关科研和实践工作。英美等发达国家能够实现土地利用和空间精细化管理的关键在于其先进的空间数据收集、处理及分析技术，利用RS\GIS手段获取高精度实时更新的空间数据，为乡村土地利用提供精确边界，同时动态监控地区开发建设活动，有效降低违法行为。为推动关中地区乡村可持续发展，动态监测农村生态环境状况，提高土地利用精细化程度，必须大力推进乡村空间数据库和规划成果数字化管理平台的建设，借助空间数据库平台和强大的空间分析技术，实现对乡村开发建设和基本农田保护等实时监测和动态管理。

一是搭建标准化空间数据库，实现土地利用数据库、社会经济统计数据库、遥感数据、空间测绘数据、图形数据、规划文件等不同坐标系或数据类型的转换和衔接，为村庄规划提供完整的数据基础。二是在空间数据库的基础上进行二次开发，搭建乡村规划信息化管理平台，实现相关规划文件检索、村庄规划目标落实情况监测、村庄规划文件审批公示、乡村用地规划许可情况、村庄规划实施评估结果公示等功能（图6-7）。

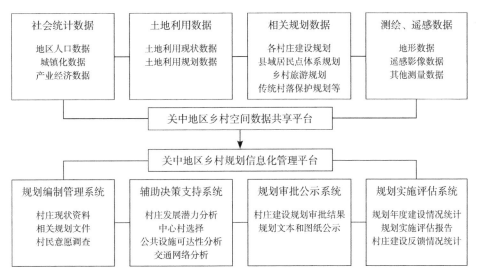

图6-7 关中地区乡村规划数据共享平台搭建示意图

6.5 本章小结

本章从体系结构、内容框架、技术方法和相关保障策略等方面入手,对关中地区乡村规划技术体系进行优化创新。针对体系结构,提出了"纵向衔接、横向融合、过程控制"的三维体系。从内容框架着手,提出在现有村庄规划编制框架中增加农民行为特征和意愿调查、生产空间和生态空间引导、村庄整治和风貌营造、村庄社会交往空间等内容。针对规划方法,提出农村人口外流导向下的规模预测方法、美丽乡村导向下的空间利用方法、精明增长导向下公共服务设施配置方法、自下而上的农民主体参与式规划方法。从相关保障策略层面入手,提出全面推进驻村规划师制度,实施规划评估动态监测体系,设立村庄规划编制专项资金,搭建农村空间数据共享平台等。

第七章

关中地区乡村可持续发展的实证案例研究

7.1 村庄产业经济建设及可持续发展实证研究

大荔县按照"整县推进、三村创建、产业融合、三农转型"的思路,不断推进现代农业和特色旅游业的发展,持续加大农村三次产业的融合力度,初步形成了以"以农促旅、以旅带农、农旅结合、农旅共强"为主线,具有广泛借鉴意义的"大荔模式"。平罗村位于县城东侧朝邑镇,2006年入选首批陕西省"一村一品"示范村,是渭南市重点新农村建设示范村,大荔县美丽乡村建设示范点。自2011年地方政府引入大荔尊天农业有限公司后,平罗村农用地流转和村庄建设稳步推进,"农旅融合"的产业发展思路日趋强烈。因此,如何合理引导村庄产业结构调整对平罗村可持续发展具有重要价值,对关中地区村庄产业经济建设亦具有广泛的借鉴意义。

7.1.1 村庄基本情况

1)资源本底

平罗村自然地势平坦,光热水肥等农业生产条件优越,属暖温带半湿润、半干旱季风气候,年平均气温14.4℃,降水量514mm,无霜期214天。自然生态本底良好,同时拥有盐池洼、娘娘庙、百年皂角树等历史文化资源。其中盐池洼位于平罗村北侧,又称通灵陂,东西二十余里,南北三至五里,形状如微弯的断牛角,尖头向西,角根在北。其历史可追溯至唐朝,最初是灌溉良田之用,后因产盐而驰名。如今,盐池洼是一处自然风光优美的天然湿地,具有明显的生态价值。百年皂角树已有500多年树龄,是平罗村典型的精神场所。此外,平罗村具有面食(糕、鹅鹅、馄饨)、面花、花苦鼓、社火、剪纸、刺绣等特色民俗资源,丰富优越的资源禀赋为平罗村实现产业融合发展奠定了基础。

2)区位条件

平罗村位于渭南市大荔县城东8公里,大朝公路北侧,隶属朝邑镇。交通便捷，区位优势相对明显，同时处于华山旅游经济协作区的辐射范围之内，是黄河湿地风情游线路（大荔高铁站口—同州湖—平罗村—丰图义仓—牛毛湾—福佑观景台）的重要节点（图7-1）。

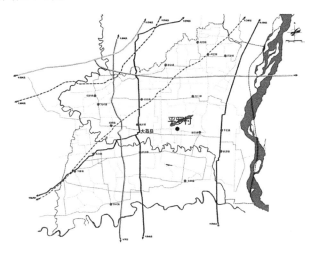

图7-1 平罗村区位分析图

3）社会经济

平罗村现辖9个村民小组，人口2258人，587户。2006年平罗入选首批陕西省"一村一品"示范村，是渭南市重点新农村建设示范村。同时，随着尊天现代农业园区的建设以及村庄旅游的发展，平罗村农民人均纯收入得到了明显提升，由2012年的6220元增加到2016年的13650元。

4）土地利用

村庄土地总面积429.89公顷，其中耕地面积51.38公顷，园地157.01公顷，盐碱地36.72公顷，设施农业用地49.76公顷。村庄住宅用地25.93公顷，人均宅基地规模为350平方米左右（表7-1、图7-2）。

平罗村土地利用现状情况　　　　　　表7-1

用地类型		规模（公顷）	所占比例（%）
村庄建设用地	村庄住宅用地	25.93	6.03
	村庄公共服务用地	1.19	0.27
	村庄产业用地	6.26	1.46
	村庄基础设施用地	12.05	2.80
	村庄其他建设用地	2.2	0.51

续表

用地类型		规模（公顷）	所占比例（%）
非村庄建设用地	水域	23.44	5.45
	农林用地	258.15	60.05
	其他非建设用地	100.67	23.41

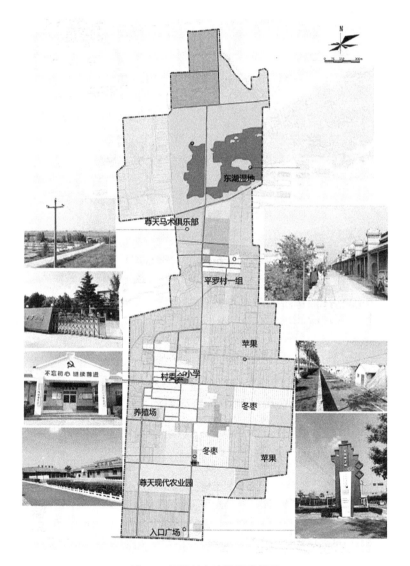

图7-2 平罗村土地利用现状图

5）村庄建设

通过实际调研得知，目前平罗村基本完成了道路硬化、安全饮水、排水系统、夜晚照明、垃圾收集、活动广场等公共设施建设。居民宅基地大致可以分为南部和北部两大块，其中北部为平罗村1组，南部人口规模较大，包括2～9个村民小组。相比较，第1村民小组的建设情况略滞后，缺少活动器材、村庄绿化等设施（图7-3）。

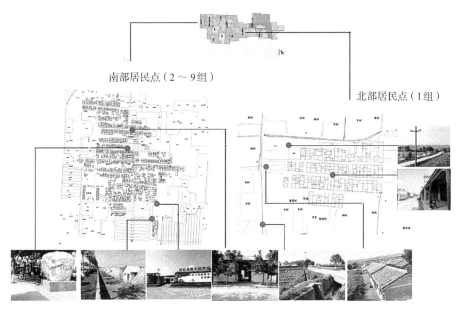

图7-3　平罗村现状居民点建设情况

（1）房屋建设

平罗村整体房屋质量较好，建筑高度为1～2层，内部组织为关中地区典型的院落结构。建筑色彩多以白色为主，风貌较为统一。房屋布局相对规整，呈井字形特征，巷道横平竖直。目前，南部在原有第1村民小组的基础上，对民居建设进行了少量改造，搭建了具有关中特色的坡屋顶木廊结构。

（2）巷道组织

村庄道路基本实现硬化，进村主干道路宽10米左右，村内主干道路宽约6米，次干道路宽约3米。巷道组织相对规整，横平竖直。南部居民点与北部居民点由一条宽约为5米的硬化路连接，南北向直线距离约800米（图7-4）。

（3）设施配套

村庄现有小学（平罗小学）、村委会、展览馆、卫生室、村级活动广场等公共服务设施。基础设施方面，道路基本实现了硬化，安全饮水和道路排水系统相对健

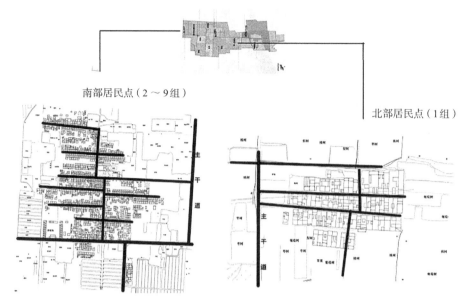

图7-4 平罗村道路组织现状图

全,电力系统较稳定,现由镇区供电站提供。垃圾实行了专人清理和转运,然而部分道路和角落存在垃圾堆放问题,污水排放和垃圾集中处理设施仍相对滞后。

(4)村庄风貌

建筑构造和立面形状比较整齐,建筑颜色以红色大门、白色瓷砖墙面或灰色水泥墙面为主,整体风貌统一协调。但仍存在少量房屋需要整治改造,村庄巷道绿化有待进一步增加(图7-5)。

图7-5 平罗村现状建筑立面示意图

7.1.2 产业现状特征

1)发展现状

目前平罗村以农业种植为主导产业,重点种植冬枣、甜瓜、梨和蔬菜等农作物,休闲采摘、田园观光等新型产业尚处于起步阶段,经济带动效益并不明显。

2011年引入大荔尊天农业有限公司，截至2014年先后三次流转土地1164.51亩，涉及平罗村1～9组共211户群众。尊天现代农业园区建设300亩日光温室示范园、800亩大棚冬枣示范园，年产冬枣2000吨、蔬菜200吨，与西安大型超市采取签订合同的方式直接对接，经济效益可达2900万元/年。整体来看，带动了地区农业规模化和产业化发展。

2）问题特征

通过实际考察、问卷调查和入户访谈发现，平罗村产业发展存在类型结构略显单一、"农旅"融合力度不足、产业后劲不持续、整体效益不理想等典型问题。

（1）产业结构略显单一

从平罗村产业发展的现状来看，村庄仍以农业为主，养殖场规模有限。同时，村庄缺乏具有核心竞争力的优势资源，乡村旅游发展滞后，"农旅"融合力度不足。整体产业结构相对单一，抗风险能力较弱，有待进一步完善优化。

（2）产业后劲不持续

据了解，平罗村针对村庄产业已形成初步的设想，然而相关的后期维护和资金支撑均不到位，前期投资建设的农家乐、小吃街、马术场等均处于未营业状态，产业发展后劲不足，村庄产业体系尚不完善，产业辐射带动作用不明显。

（3）整体经济效益欠佳

农民的经济来源主要是农业种植、外出打工和出租土地。农业种植受自然因素的制约比较明显，种植经济收益有限。受年龄阶段、技能水平和市场环境的影响，外出打工收益亦日益减少。同时受尊天现代农业园区经济效益不佳的影响，近两年农民地租收益面临风险。据访谈，部分农民反映这两年并未按时收到相关的地租。此外，村庄内部经营的采摘、马术场、小吃街等项目均处于未营业状态，整体经济效益欠佳。

7.1.3 产业体系构建

村庄产业体系的构建应综合考虑基础条件、资源本底、地区布局和农民积极性等因素，平罗村应依托现有现代农业园区的基础，借助乡村旅游的发展契机，从大荔县全域产业格局出发，合理选择村庄的主导产业和基础产业，妥善安排各类产业的用地规模和空间布局。

1）构建思路

在平罗村现状特征和问题剖析的基础上，依托优势生产条件、自然生态和历史文化资源，借助农村三次产业融合的有利契机，拓展现有产业体系。树立可持续发展价值导向，坚持"生态优先、引擎带动、公众参与"的原则，按照"农业发展与文化旅游捆绑发展、村庄建设与产业经济协调发展"的发展思路，最终构建以现代农业、休闲采摘、湿地观光等为核心的产业体系，致力于将平罗村打造为关中地区美丽乡村的典范。

（1）主要原则

①生态优先原则

平罗村地处关中平原，拥有湿地公园和良田沃土等，自然条件优越，生态系统稳定性较好。在产业发展过程中，应树立可持续发展理念，在确保资源及生态承载力的基础上，协调生态环境保护与村庄经济发展的关系，严格划定湿地保护红线，应禁止从事破坏生态系统的建设行为，杜绝借发展之名侵占村庄基本农田的行为，确保村庄生态系统的可持续性。

②引擎带动原则

平罗村产业发展缺乏具有核心竞争力的资源，通过入户访谈和实际考察发现，村庄北部为朝邑镇国家湿地公园的核心段，目前尚处于原始未开发阶段，未来可将此作为平罗村发展的引擎项目，对湿地进行景观规划和生态修复，以此吸引客流和投资商，带动餐饮、娱乐、休闲等产业，最终增强村庄经济实力。

③公众参与原则

村庄产业发展应平衡农民利益、企业利益和村集体利益三者之间的关系。一方面，平罗村应按照"政府扶持、企业主导、市场运作、农民参与"的原则，依托尊天现代农业园区，优化规范"企业+农户+基地"的经营模式，提高农业生产效率，改善农民生活水平。另一方面，村庄依托优势资源发展乡村旅游，可倡导农民参与式发展模式，打造以农户为单位的作坊经济和农家乐产业，如豆腐坊、面花坊、老布坊、酒坊、醪糟坊等，有效拓宽农民的增收渠道。

（2）发展思路

①一产：家庭式向规模化经营转变

顺应农业现代化的发展趋势，促进家庭式粗放经营向规模化集中经营过渡，逐步使零散的农用地向尊天现代农业园区或家庭农场流转，提高农业生产的产出率和附加值,提高村庄农业收益。将现有养殖场按照安全距离搬至居民点之外,避免养殖场对村庄人居环境的影响,采用生态化养殖小区的方式,实现资源的循环利用。

②三产:产业联动,"农旅"融合

依托尊天现代农业园区及盐池洼湿地公园等资源优势,坚持设施农业与乡村旅游融合理念,加快休闲农业、生态农业、文化旅游等产业的发展,引入农家乐、农业采摘、美食街、湿地公园等项目,促进农村三次产业联动。

2)产业谱系

(1)主导产业选择

村庄主导产业的确定可从地区整体格局和村庄自身优势两方面入手,一方面随着农村三次产业融合发展和乡村旅游的持续推进,大荔县以"整县推进、三村创建、产业融合、三农转型"为思路,以"以农促旅、以旅带农、农旅结合、农旅共强"为主线,大力发展现代农业和乡村旅游,这为平罗村"农旅"融合奠定了基础。另一方面,平罗村拥有湿地公园、尊天现代农业园区、美食街坊、马术场等资源,发展休闲农业、湿地观光、美食体验等亦具有比较优势。综上所述,平罗村可打造"设施农业+休闲采摘+观光体验"三大主导产业。

(2)村庄产业体系

以"设施农业+休闲采摘+观光体验"为三大主导产业,分别打造冬枣种植、薄皮甜瓜种植、休闲采摘、生态旅游、文化体验、农家住宿等产业项目(表7-2)。

平罗村产业体系　　　　　表7-2

主导产业	产业细化	资源依托	项目支撑
设施农业	冬枣种植	水肥等农业生产条件优越	尊天现代农业园区
	甜瓜种植	水肥等农业生产条件优越	尊天现代农业园区
	养殖小区	现有养殖场	儿童动物园、马术场
休闲采摘	休闲采摘	冬枣、蔬菜等农业生产	开放采摘园、家庭农场
观光体验	生态旅游	盐池洼、湿地公园	盐文化主题公园、自行车赛事
	文化体验	社火等民俗活动	民俗活动庆典、庙会节事、美食作坊荟萃区
	观光民宿	民宅	民宿客栈

7.1.4 产业空间布局

依托现状基础,将平罗村分为现代农业板块、村庄风貌展示板块、民俗文化体验板块和生态养生板块（图7-6）。其中现代农业板块以尊天现代农业园区为载体，大力发展设施农业、观光农业、休闲采摘、农耕体验等产业，增加农业生产附加值和经济效益。村庄风貌展示板块以原有居民点为依托，通过空间整合将村民全部集中安置在此处，并配套完善相应的生活型设施。民俗文化体验板块重点发展民居客栈、特色美食作坊经济、节庆活动、田园派对等项目，营造村庄地域民俗和特色文化，从而吸引游客，弘扬地域文化价值。生态养生板块以盐池洼和东湖湿地为依托，在生态保护的基础上开展湿地观光、制盐体验、生态疗养等活动（图7-7）。

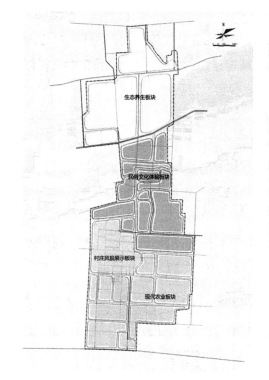 

图7-6 平罗村产业空间布局规划图　　图7-7 平罗村规划重点项目分布图

7.1.5 相关支撑体系

1）设施配套体系

村庄现有公共服务设施和基础设施以居民生产和生活为主，尚不能满足乡村旅游的需求。首先，完善现有道路、给排水、电力通信等基础设施，提高供水设施、电力设备等的建设标准，避免出现游客增多导致供水及供电不足的现象。其次，增设旅游经营型设施和相关公共服务设施，按照预测游客量确定游客服务中心和停车场等设施规模，以设施规模合理化和设施类型均衡化为导向，确定卫生厕所、景观小品和标牌等设施数量。同时对经营性设施进行合理引导，完善农家乐、民宿、消费体验等服务设施，提高服务质量和游客体验，加强规范化发展。

2) 组织经营体系

为促进平罗村农业现代化和乡村旅游的可持续发展，应建立结构合理、分工明晰、权责明确、及时更新、动态反馈的农产品经营体系、流通体系及村庄利益联结机制。当前平罗村形成了"企业＋基地＋农户"的经营方式，提高了农业生产效率。然而该方式仍具有一定的局限性，企业招聘的村庄农民往往缺乏专业的知识及技术。同时平罗村农产品生产、销售、包装等环节并未形成体系，农产品的流通、销售、品牌包装等环节仍处于薄弱状态。针对上述情况，一方面平罗村应按照"高技术、高质量和高标准"的原则，采用先进的农业科学技术，聘请专业技术人才，提高农产品的附加值。另一方面整合现有资源，在原有"企业＋基地＋农户"的基础上，以市场为导向，将农产品生产、加工、销售、品牌推广等环节有机地连接起来，形成完整的产业链。借助互联网、电子商务、物流配送等，培育多元化和多层次的市场流通主体，实现"田间到餐桌"的快速流通。此外，推进农业标准化建设和品牌认证，积极申报农产品地理标志，让"特色更特、优势更优、品牌更亮"，逐步增强"大荔冬枣"、"平罗甜瓜"等产品的市场知名度和竞争力。

3) 人力保障体系

大力推进农业科技教育和技术培训，依托西北农林科技大学、陕西省农村科技开发中心、西安市农业科学研究所、西安市林业研究所、西安市蔬菜研究所、西安市畜牧研究所等科研单位和农业院校，积极组织并开设农民技能培训课程，增强农业院校、科研团队、社会组织等与农民教育的联系。采取培训班和科技下乡等多种方式，丰富培训内容，并实际走进田野，更加生动地为农民传授科技知识，从而逐步培养出有文化、懂科技的新型农民。

7.2 村庄土地资源利用及可持续发展实证研究

村庄土地资源整治涉及农用地和建设用地两大部分，不同的用地类型其整合方式不尽相同。本书以咸阳市礼泉县西张堡镇白村新型农村社区（以下简称白村社区，涉及白村、刘林村、周邢村和草滩村）为实证案例，阐述探索关中地区乡村土地资源利用及可持续发展的具体模式及推进策略。

7.2.1 村庄现状概况

白村位于咸阳市礼泉县西张堡镇，位于县城东侧15公里处，距西张堡镇约2.5公里。现辖11个村民小组，720户，约3150人。自2005年先后被确定为陕西省首批新型农村社区示范点，荣获中国十大魅力乡村、全国一村一品示范村、生态示范村等称号。根据咸阳市相关规划和西张堡镇城乡一体化社区建设总体规划，白村新型农村社区拟在白村居民点原址上建设，统筹整合周边刘林村、周邢村、草滩村等土地资源。

1）地理区位

白村位于西张堡镇东北方向，东侧毗邻清洁再生产业园区，南侧为陕西省（白村）现代农业园区。村庄南部与草滩村接壤，北部与周邢村和刘林村相接。烟西路沿村庄东侧而过，连接烟霞镇和西张堡镇。整体来说，地理区位条件较为优越，交通出行较为便捷（图7-8、图7-9）。

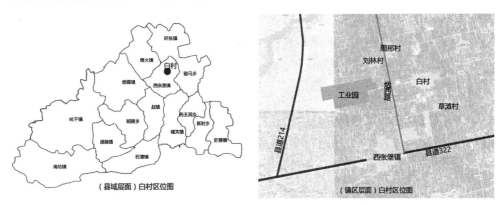

图7-8 白村区位分析图

2）产业发展

目前，村庄农业生产以种植小麦、玉米、苹果、梨等农作物和养殖为主。村庄土地面积6300亩，其中果园面积高达5000亩，养殖大户50户。近几年村庄依托白村现代农业园区，村庄果蔬采摘园、风情体验园等项目已初具规模，全村农民经济收入得到显著提高，2016年底村民人均纯收入已突破10000元。

3）村庄建设

截至目前，白村社区已实现40余户的拆除整合，并采用逐步滚动的方式，按

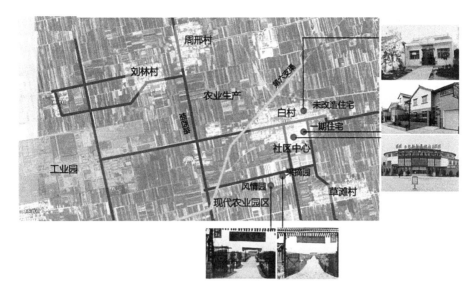

图 7-9　白村社区现状分析图

照"先安置、后拆除"的原则,持续推进社区的建设。新建房屋为二层独门独院的形式,按照"拆一补一"的原则,实现房屋置换。村庄大部分房屋仍为典型的一层砖混结构,建筑组织相对规整。村庄入口路面宽度约10米,内部道路宽约6米,巷道横平竖直。周邢村、刘林村和草滩村的建设水平相对滞后,存在少量的危房和土房,整体人居环境有待提升(图7-10、图7-11)。

图 7-10　白村村庄建设实景图

4)空间整合

从实地考察情况来看,白村社区空间整合尚处于初期阶段,整合范围仅辐射白村少量居民,截至目前仅完成40余户的搬迁安置。白村大部分及周邢村、草滩村、刘林村等仍处于原始状态,人均宅基地面积较大,建设用地利用效率不高。针对农用地整合,白村社区主要依托现代农业园区,流转周边村庄农民的土地,提高了农业规模化水平,但辐射带动作用仍需进一步增强。

图7-11 白村村庄建设现状分析图

5）设施配套

自2005年以来，白村先后投资100余万元进行道路硬化、给排水、环境卫生、活动广场等建设，村庄人居环境得到了明显改善。此外，村庄配套有村委会、文化活动中心、小学、职业农民培训基地、中心剧场、老年人活动室、新华书院、卫生室等公共服务设施。2014年白村新型农村社区开工建设，现已完成一期工程。相较于白村，周邢村、刘林村、草滩村的公共设施条件略微滞后，设施种类不齐全。

7.2.2 主要问题剖析

1）缺乏雄厚的资金支撑，土地整合进程缓慢

目前，白村社区建设主要依靠政府的资金投入，如上级政府的补助和地方自筹，扶持力度有限，导致土地整合进程相对缓慢。社区建设采用政府主导、建筑商代建的模式，由陕西建工第十一建设集团有限公司负责整个社区的建设。白村社区作为陕西省土地增减挂钩试点项目，但由增减挂钩置换的补助资金需等到土地复垦验收合格后方可到位，资金回笼速度较慢。因此，前期资金短缺问题仍是白村社区土地整合的重大难点。

2）政府主导的社区建设，农民参与力度不够

白村社区的建设模式为典型的"自上而下"政府主导型，委托同济大学和陕建

集团设计院等专业人才进行统一规划,呈现典型的精英主义特征,未广泛调动周边村民的积极性和参与意识。整体来看,农民主体自下而上的参与力度不够,相关机制不甚健全。

3)农业规模化效益有限,土地利用效率有待提高

白村现代农业园区位于村庄南侧,为2011年陕西省首批省级现代农业园区,现已建设核心区面积约2000亩,已投资600万元,流转土地200亩,建成温室大棚12座,栽植苗木1200余株。一方面,受传统生产观念的束缚,农民流转土地的积极性有待增强,土地规模化进程受到影响,导致农业园区发展受到限制,农用地生产效率未得到明显提升。同时,农业园区发展缓慢,对周边村庄的辐射带动作用有限,未能为空间整合发展提供驱动力。

7.2.3 土地整合模式

1)整合思路

借助农用地流转和土地增减挂钩的政策契机,遵循"产业高效、空间集约、共同富裕"的原则,倡导"农业向现代园区集中、居民向新型社区集中"的整合思路,提高农业生产效率,提升村庄人居环境,推进村庄空间集约化利用,最终实现村庄可持续发展(图7-12)。

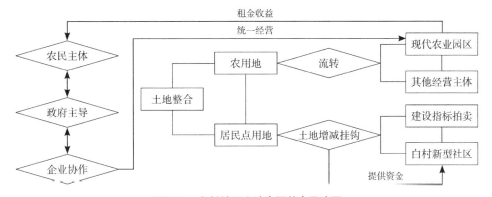

图7-12　白村社区土地资源整合思路图

2)整合模式

村庄土地整合涉及农用地和建设用地两大类型,其中农用地整合模式有农业园区示范型、龙头企业引领型、家庭农场建设型等,建设用地整合模式有拆并整合型、自然村合并型、旧址改造型、扶贫搬迁型、生态移民型、并入城镇型等。根据

白村的实际情况，选择现代农业园区示范型与拆并整合型相结合的方式，互促互助，相辅相成，实现白村土地资源的高效利用。

（1）农用地整合

分散化的农业耕种模式不利于机械化作业，不利于土地的统一管理，导致农业生产的整体效率不高。通过问卷调查和入户访谈了解到，周邢村、草滩村、白村和刘林村的大部分农民对土地流转持积极态度，在确保能获得稳定地租的前提下，均愿意将家庭承包土地流转给村集体或现代农业园区。对于不愿意流转土地的农户，可引导其参与农民专业合作社或家庭农场等规模化经营，实现土地资源的优化配置。农用地整合是一项复杂的系统工程，涉及田、水、路等多要素。因此在整合过程中，应遵循因地制宜、集约高效、统筹规划的原则，改造闲置土地和散乱坑塘等，增加耕地面积。同时合理配置农田水利设施和田间道路系统，重新调整现有耕地经营权属，适应农业机械化生产，切实提高耕地产出效益（图7-13）。

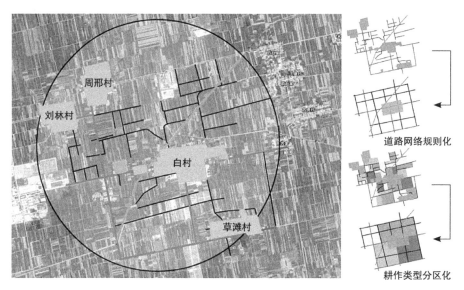

图7-13 白村社区农用地整合示意图

（2）居民点建设用地整合

白村社区辐射刘林村、草滩村、周邢村和白村四个居民点，17个村民小组，1204户，约4700人。从居民点建设现状来看，人均宅基地为150~250平方米，同时存在少量房屋空置的现象，空间利用低效。为控制农村居民点建设用地的规模，提高空间集约化水平，按照"居民向新型社区集中"的整合思路，采取多个行政村拆并整合模式，逐步拆除白村、刘林村、草滩村、周邢村等现有建筑，并集中安置于白村旧址。2014年白村成为陕西省和咸阳市确定的城乡发展一体化试点示范区，是省国土厅确定的土地增减挂钩试点建设项目区。白村社区以城乡增减挂钩为突破口，为村庄整合及社区建设提供资金保障。集中安置后节省的建设用地指标可通过土地交易平台或置换等方式，获得社区建设和村庄发展所需的启动资金（图7-14）。

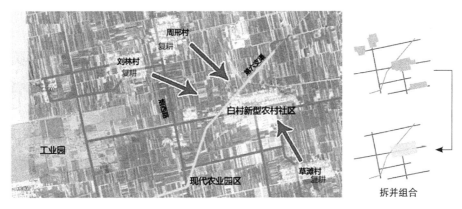

图7-14　白村社区居民点整合示意图

3）建设内容

（1）农业现代化发展

通过整合破碎化的土地资源，调整田间道路体系，实现农用地的"化零为整"，推进农产品的分区化及规模化发展。首先，在现有果蔬种植的基础上，持续加大苹果的生产规模，逐步引进成效快、质量优的苹果品种。同时丰富农产品的类型，引入樱桃、草莓等适宜品种，为农业采摘提供多样选择。其次，可在现有养殖业的基础上，扩大生产规模，适当发展农产品深度加工业。采用循环高效模式，持续推广"果畜沼"示范园。最后，坚持三次产业融合的理念，以休闲采摘、农耕体验、电子商贸为主，构建多元化的产业体系，增强村庄经济实力（表7-3）。

白村产业体系构建　　　　表7-3

产业门类	产业细化	具体类型
第一产业	现代农业	苹果种植、大棚蔬菜、樱桃种植
	特色养殖	生猪养殖
第二产业	农产品加工	果蔬加工、肉制品加工

续表

产业门类	产业细化	具体类型
第三产业	乡村旅游	休闲采摘、风情体验
	电子商贸	农产品电商企业
	冷冻仓储	果品冷冻库、中小型物流仓储

（2）白村新型社区建设

在居民点整合推进过程中，应按照"先安置后建设，先复耕后流转"的原则，充分考虑周边村民的实际意愿和生活需求，合理制订拆迁安置补偿标准、房屋置换办法以及建筑结构等。在村民自愿的前提下，本着以人为本、协商沟通的原则，逐步推进村庄整合，切勿出现违背农民意愿，强制上楼的现象，避免新型农村社区成"鬼村"现象的发生。目前，白村新型农村社区已完成一期工程，安置40余户。通过问卷调查和入户访谈，周边村民对白村社区的安置方式是相对满意的。政府按照滚动安置的方式，入住一批，拆除一批，严格控制村庄建设用地的扩张或浪费。从建筑结构来看，大部分为两层关中小院，现有1栋多层住宅。据了解，每个家庭可根据原有住宅的建筑面积置换得到一套关中小院，若原有住宅建筑面积较大，根据置换方法测算，可得到一套关中小院和相应面积的多层住宅。多元化的建筑结构为居民提供了多种选择，可满足不同群体的使用需求。

白村新型农村社区涉及白村、草滩、周邢和刘林四个村，17个村民小组1204户，4696人，四个居民点用地面积约1900亩，另复耕200亩非耕地，即建设用地总量为2100亩。规划新型农村社区拟安置6520人，社区人均用地指标65平方米，总用地规模约422287.45平方米（633.43亩）。节约的1466.57亩村庄建设用地指标通过城乡增减挂钩的形式置换或者拍卖，所获资金为新型社区建设、公共设施配套、产业发展等提供保障。白村新型农村社区配套有服务中心、卫生院、村史馆、超市、商业街、戏楼、红白喜事中心等公共服务设施。同时完善现有道路条件，形成了"门户景观大道—主干道—次干道—支道"4级体系，并配套1028个地面车位和208个地下停车位（图7-15、表7-4）。

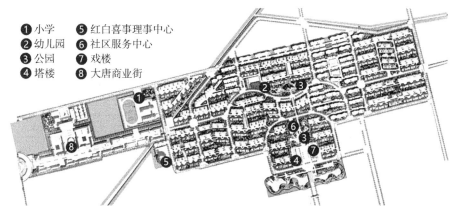

图 7-15　白村新型农村社区空间布局图

资料来源：《陕西省咸阳市礼泉县白村新型农村社区修建性详细规划设计》

白村新型农村社区用地平衡表　　　　　　表 7-4

名称		单位	数量
规划用地面积		m²	557076.26
净用地面积		m²	497973.29
建筑占地面积		m²	132116.24
总建筑面积		m²	297082.62
	幼儿园	m²	1100
	小学	m²	8858.20
	卫生院	m²	700
	红白喜事理事中心	m²	1961.40
	戏楼	m²	383
	社区服务中心	m²	2692
	塔楼	m²	1078
	商业	m²	63199
	公厕	m²	243
	关中小院建筑	m²	131230.26
	花园洋房	m²	41382
	小高层	m²	15954
	高层建筑	m²	28301.76
居住户数		户	1630
	关中小院	户	562
	花园洋房	户	564

续表

名称		单位	数量
	小高层	户	216
	高层	户	288
总居住人口		人	6520
建筑密度		%	26.53
道路面积		m²	164331.19
绿化面积		m²	201525.86
绿化率		%	40.47
容积率		%	0.60
户外停车场		个	1028
地下停车场		个	208

资料来源：《陕西省咸阳市礼泉县白村新型农村社区修建性详细规划设计》

4）总体格局

通过道路网络规则化、耕作类型分区化、居住空间片区化、设施配置集中化等方式，不断推进农业向规模化经营转变，逐步实现居民向新型社区集中，最终形成白村"一社区一园区四板块"的总体发展格局。依托现代农业园区和白村新型农村社区建设，运用村产融合和农旅融合理念，打造农耕文化体验区、苹果规模化种植区、大棚蔬菜种植区和樱桃种植区等（图7-16）。

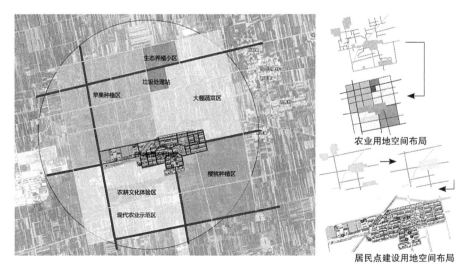

图7-16 白村新型农村社区总体发展示意图

5）关键推进策略

白村土地资源整合是一项资金投入较大、建设周期较长的复杂工程，涉及农民、村集体、企业等利益群体，对居民生活质量和村庄社会稳定具有重大影响。因此白村在土地整合的过程中，应妥善处理以下四大问题：一是确保建设资金链的稳定，二是农民相关产权的核实问题，三是增减挂钩土地收益的分配问题，四是建立土地流转收益共享机制。

（1）拓宽建设资金渠道

土地资源整合需要大量资金投入，从关中地区实践情况来看，目前大部分均依靠政府投资和村民自筹，存在后期建设动力不足等问题。针对这种情况，白村在试点建设时应积极探索多元化的融资渠道。一是借助土地增减挂钩的政策平台，获得节余建设用地的土地收益；二是争取国家及省市级专项资金；三是基础设施专项资金和公共服务设施配套资金等。在资金使用过程中，必须确保"专款专用"，杜绝违法乱纪行为。同时建立"由谁管理，由谁使用"的制度，确保村庄集体和农民个体的权益不受到侵害。

（2）农民相关产权的核定

自2013年起，白村、周邢村、草滩村、刘林村等陆续完成了农村承包地和宅基地确权工作。村庄土地整合过程主要涉及农民的土地经营权和房屋财产权两大部分。一方面，制定和规范农用地流转的保障机制，完善所有权、承包权和经营权"三权分置"制度。严格保护农民的承包权长久不变，允许土地经营权以出租、转让、入股等其他方式流转，鼓励多样化适度规模经营。完善土地流转的管理保障机制，对拖欠租金或闲置别用等不良行为进行监管和问责，增强农用地流转的实际效果。另一方面，按照不动产统一登记原则，对农民新安置房屋颁发产权证，允许继承、赠与、租赁、抵押、转让等，保障农民的根本利益不受侵犯。

（3）增减挂钩土地收益分配

一般来说，增减挂钩获得的土地收益主要用于安置社区建设、基础设施和公共服务设施配套及村庄产业发展三大方面。整个过程中涉及村民、村集体和相关企业等不同群体，如何平衡不同群体间的利益分配是今后白村社区建设需关注的核心问题之一。首先，完善安置补偿标准，将节约土地的收益按一定比例反哺农民，保证农民不花钱或少花钱就可入社区、住新房。其次，在改善农民生活条件和人居环境的基础上，建立农民就业和生计持续保障机制，确保其经济来源。可借鉴东部发达地区的先进经验，采取入股、分红等方式，使农民共享后期村庄产业发展带来的经济收益。

(4) 健全利益联结机制

白村农用地流转采用现代园区带动模式，农民将土地出租给园区，由园区统筹生产，部分农民被园区返聘从事相关耕作事宜。总的来说，农民始终处于生产地位，企业与农民的利益联结机制尚不健全。在这种背景下，白村可探索农地股份合作制，促使企业与农民形成"利益共享、风险共担"的利益共同体，创新"企业+合作社+农户"或"企业+农地股份合作社+农户"等多种新型产业化经营模式，促使农民共享土地规模化和集约化带来的收益。

7.3 村庄公共设施配套及可持续发展实证研究

7.3.1 村庄基本情况

1) 地理区位

灵丹庙村位于宝鸡市太白县东部桃川镇政府所在地，距太白县县城约28公里，距眉县县城约40公里，西距青峰峡森林公园约11.5公里。桃川河（石头河）从村庄北侧流过，眉太线东西向穿境而过。村庄水资源丰富，草木植被茂盛，交通区位条件较为有利（图7-17）。

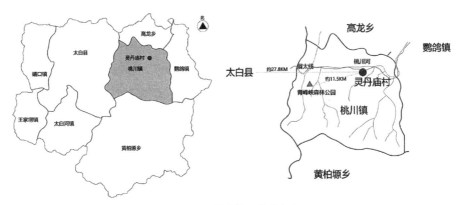

图7-17　灵丹庙村区位分析图

2) 社会经济

灵丹庙村现有4个村民小组，约224户，总人口约912人。耕地总面积942亩，其中蔬菜面积800亩，人均0.9亩。村庄老龄化情况较为突出，大部分青年人外出打工,留守人口多为妇女、老人和儿童。村庄主要以冰葡萄和蔬菜种植为主,土地流转趋势逐步明显。截至2015年农民人均纯收入为11976元,贫困人口79户,约239人。依托优势的生态资源,村庄拟发展休闲观光产业,目前村庄西侧部分村民发展农家乐。整体来看,产业发展相对缓慢,村庄经济实力有待增强。

3) 村庄建设

自新农村建设开展以来,政府不断加大资金投入,灵丹庙村以脱贫攻坚为主线,大力实施以工代赈生态移民搬迁、危房改造、脱贫移民搬迁等工程,村庄人居环境和建筑风貌取得了明显改善。政府按照"白墙红瓦"的风格,对村庄建筑进行改造和修缮,外墙绘制3D风景画和民俗画,村庄风貌较为协调。村庄大部分房屋的建筑质量较好,采用一层或二层砖混结构。但仍存在少量土房、危房的情况。村庄存在一户多院的情况,农民从旧屋搬至新宅基地,旧宅基地处于闲置荒废状态,造成村庄土地资源的巨大浪费(图7-18)。

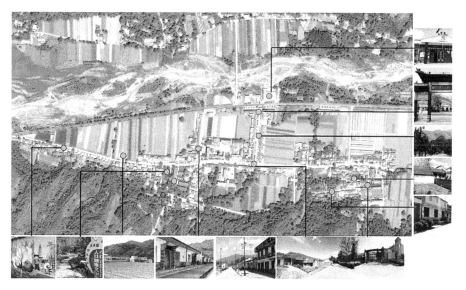

图7-18 灵丹庙村现状分析图

7.3.2 设施现状特征

1) 公共设施较为完善,经营性设施相对不足

灵丹庙村位于桃川镇政府所在地,故村级公共服务设施共享镇级设施。村庄现设有村委会、文化室、村级活动广场、一所小学(含幼儿园)、一个镇级中心卫生院、一处健康文化园等,新型农村合作医疗参保率达到100%。通过实地考察发

现，村庄体育健身器材略显不足，养老设施相对滞后。与基本公共服务设施相比，村庄经营性服务设施相对不足。灵丹庙村生态优势明显，西距青峰峡森林公园约11.5公里，交通区位条件便利。通过与基层政府座谈了解到，村庄拟依托优势资源，大力发展生态旅游、休闲观光、民宿度假等产业，目前已与意向企业进行接洽商谈。在实际调研中发现，村庄为发展乡村旅游已着手开展相关工作，如街道美化、景观小品、房屋整治等。但整体建设仍处于起步阶段，餐饮、住宿、娱乐、休闲等设施均处于滞后状态（图7-19）。

a 健康文化园　　　　　b 镇中心小学　　　　　c 中心卫生院

图7-19　灵丹庙村部分公共服务设施现状

2）基础设施条件较好，后期维护管理不及时

村庄道路组织受自然地形和交通线路的影响，呈典型的鱼骨状。村庄主干道宽度约12米，次干道约6米，支路约3米，道路（包括生产路）实现了100%硬化。生活用水水源为山泉水，饮水入户率达到100%。大部分道路两侧敷设有排水沟渠，配置有路灯等照明设施。街道两侧放置有垃圾收集设备，村巷道路配套有专门的卫生保洁人员，定期清扫村庄垃圾。整体来看，现状基础设施的建设水平和质量较好。然而通过实际调研发现，设施的后期维护和管理不及时，如街道两侧放置垃圾桶，垃圾清运和收集不及时，影响村庄人居环境。同时村庄的排水系统采用雨污同流方式，道路两侧敷设有明渠，然而在实际调研中发现，渠道中垃圾随处可见，有些路段渠道已被填埋或堵塞，影响设施的使用效率（图7-20）。

3）新建区和村庄旧区的设施条件差异较明显

老区主要集中在村庄中南部，房屋建筑质量较差，多为土坯房。巷道硬化不完善，部分路段存在"死胡同"现象，道路两侧并未设置排水沟渠。路边或墙角垃圾堆砌现象较明显，环境质量欠佳。此外，两区在道路绿化方面亦存较大差异，旧

a 排水明渠易成垃圾倾倒区　　　　　　b 垃圾清理不及时

图 7-20　灵丹庙村部分基础设施现状

区道路两侧未栽种绿化树木，多为村民自行栽种的蔬菜或杂草，影响了村庄景观环境效果（图 7-21）。

a 旧区道路狭窄且未硬化　　　　　　b 村道两侧缺少规整的景观绿化

图 7-21　灵丹庙村旧区设施环境现状

7.3.3　公共设施配置

1）优化思路

灵丹庙村位于桃川镇政府所在地，因此在设施配套时可按照"镇村共享共建"的原则，共享部分镇级公共设施，如小学、幼儿园、中心卫生院、灯光照明、供电站、移动信号塔等。村庄道路、给排水、环卫设施、公共厕所等基础设施应缩小与镇区的差异，加大建设力度。此外，统筹考虑镇区和村庄发展，合理布局农家乐、餐饮、停车场等设施，促进村庄产业经济快速繁荣（图 7-22）。

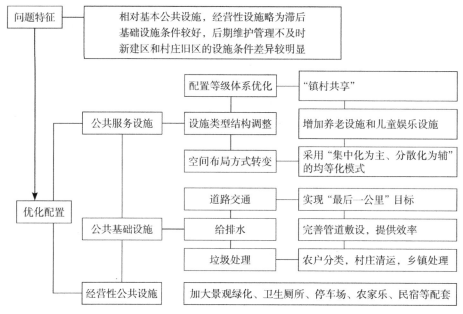

图 7-22 灵丹庙村公共设施的优化思路框架图

2）建设内容

（1）公共服务设施

按照"镇村共享"模式，在镇区配套一所高标准初中，辐射整个桃川镇，确保九年义务教育的质量。同时统筹建设一处老年日间照顾中心、便民服务中心等。在村庄东侧设置1～2处小规模体育活动场所或景观游园等，增设适合老年人和儿童的娱乐器材。

（2）村庄基础设施

一是改善村庄旧区的道路质量，拓宽道路横断面，实现硬化全覆盖。次干道要求路面宽度不小于3.5米，地势较低一侧设置排洪沟，巷道和宅间路要求路面宽度不小于1.5米。在村庄入口空间设置户外停车位，根据后期游客规模确定停车场车位数量，预留相应的空地，避免旅游停车难、拥堵、游客"爆表"等问题的出现。二是根据降雨特点和村庄规模等，规划排水系统，采用雨污分流，雨水通过村内道路一侧的排洪沟排出，净化后用于农业灌溉。村庄东侧新建一处污水处理设施，生活污水经化粪池或沼气池处理后，采用管道收集至村污水处理设施。三是在主要道路两侧按照每150米距离增设垃圾桶和垃圾箱等设施，避免出现垃圾清运不及时而随意丢弃的现象。四是加大基础设施的后期维护工作，引入企业和非政府组织等

PPP模式，构建以政府为主导且社会组织广泛参与的公共服务多元化供给主体，定期对村庄道路、照明、给排水、垃圾处理等设施进行整治和维护，提高设施使用寿命。五是丰富村庄绿化景观要素，采用点、线、面结合的方式合理选择本土树种，打造核心景观节点。

（3）旅游配套设施

灵丹庙村具有优越的生态资源和区位优势，地方政府拟借助国家乡村旅游的政策契机，大力发展生态旅游和休闲观光产业。因此，灵丹庙村应坚持"公益性和经营性并重"的原则，加大经营性公共服务设施的引导。可围绕"吃、住、行、游、购、娱、体、学、研"等乡村旅游要素，完善农家乐、民宿、卫生厕所、购物消费等服务设施，提高乡村旅游目的地的服务质量和游客体验。

7.4 村庄人居环境提升及可持续发展实证研究

本书在对柏社村人居环境进行实态调研的基础上，剖析其人居环境方面存在的典型问题。针对巷道空间、绿化景观、建筑形态、遗产保护等内容，提出具体的整治方式及建设指引，为促进柏社村人居环境的可持续发展提供思路。本书选择柏社村作为研究对象是基于以下几方面的考虑：一是柏社村是我国历史文化名村和第二批中国传统村落，具有丰富的建筑遗产和文化底蕴，其人居环境是物质生活环境和精神文化环境的综合体。二是柏社村体现了关中地区村庄人居环境的一般特征，具有较好的普遍性。因此探讨柏社村人居环境整治内容及规划方法对关中地区乡村可持续发展具有较强的普适性和可推广性。

7.4.1 村庄实态认知

柏社村地处黄土高原和渭河平原交界过渡地带，隶属咸阳市三原县新兴镇北部，与耀州区接壤，南距新兴镇镇区约5.2公里，因广种柏树而得名。移三路、三照公路分别沿村庄东西侧向北而去，连接镇区和柏社村。柏社村现辖15个村民小组，3756人，约808户。村庄土地总面积8000亩，耕地面积约5500亩，村庄建设用地约700亩。村庄主要种植苹果，栽植面积约4000亩，属于典型的雨养农业地区，截至2016年底农民人均纯收入约8000元（图7-23）。

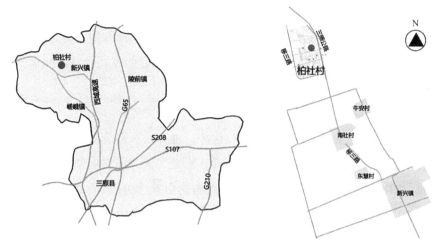

图7-23 柏社村区位分析图

1)自然环境

柏社村为典型的黄土台塬地形，属于北温带大陆性季风气候，冬季寒冷干燥，平均气温-0.2℃~2.5℃，春季温度升高，平均气温在11.1℃~17.8℃。海拔高度700~900米，村落周边植被繁茂。左侧为清峪河，东北部为东沟，右侧为浊峪河，地势北高南低，降水量普遍偏少。总体而言，村庄自然环境一般，生态系统较为稳定。

2)物质环境

柏社村2014年被选为我国历史文化名村，村庄物质空间环境主要由地坑窑旧址和后建新村两部分组成。

(1)整体格局

据了解，柏社村保留有传统的窑洞民居780院，下沉式窑洞四合院225院。从空间位置来看，地坑窑占据村庄的核心位置，新建房屋均处于村庄外围。村庄西侧为移三路，东侧为三照公路，整个村庄被东西向的主要商业街分隔为南部和北部片区，居住密度相对较大。主要商业街路面宽约13米，两侧布置有餐饮和商铺等。由于特殊的建构手法，地坑窑的院落呈无序状态，地面道路组织方式也较为自由，且未经硬化。外围多为后期新建房屋，布局相对规整，道路规则有序，基本实现了硬化全覆盖(图7-24)。

街巷是村庄空间肌理脉络的重要体现，涉及底界面、侧界面、顶界面等。柏社村对外交通主要依赖移三路和三照公路，内部道路组织形成了以"主干道—次干道—巷道"为主的三级体系。其中主干道基本实现了硬化，布局规整有序。巷道主要承担步行功能，组织方式自由无序。

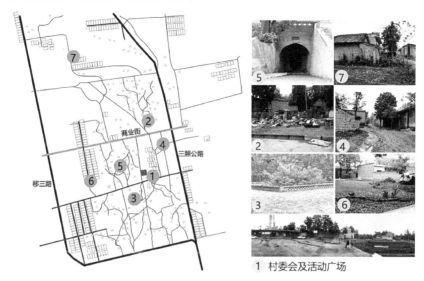

图 7-24　柏社村空间布局现状

（2）房屋建筑

柏社村建筑类型大致可分为传统地坑窑和后期现代建筑两大类，其中地坑院生土建筑约占村落民居建筑总量的80%。据实际调查，大部分地坑窑为全下沉式，入口形状以直进式和转折式为主，目前村庄保存完好的地坑院有148个，经常有人居住的25院，废弃地坑窑34院，窑洞的建筑质量状况不同。后期现代建筑以一层或两层砖混结构为主，建筑质量相对较好，建筑彩色以红色大门和白色或灰色墙面为主，同时村庄仍存在少量土房及危房。从空间关系来看，地坑窑建筑群与现代民居建筑混建，空间布局缺乏章法（图7-25）。

a 地坑窑（使用中）　　　b 废弃地坑窑　　　c 后期现代建筑

图 7-25　柏社村房屋建筑现状

（3）绿化景观

从空间格局、房屋建筑、绿化环境、道路组织等因素分析，柏社村现状景观风貌分为两大类型：以地坑窑建筑群为主的传统风貌区和以后期民居建筑为主的现代风貌区。传统风貌区主要分布在村庄中心位置，现代风貌区位于外围地区。村庄绿化植被以高大的乔木和灌木为主，如楸树、槐树、柏树、刺槐等，生态环境优越，林木茂盛，现有楸树5万多株，静谧古朴，为居民提供了良好的自然环境。现状绿化要素以地坑窑庭院绿化、道路绿化和块状树林为主，布局手法较为自由，景观效果良好（图7-26）。

a 地坑窑院落绿地

b 楸树林绿化景观

图7-26 柏社村绿化景观现状

（4）设施配套

自柏社村被列入中国传统村落和中国历史文化名村后，地方政府先后争取600万元资金开展地坑窑修复、村庄公共服务设施和基础设施配套工作。从实际调研情况发现，村庄道路交通、给排水、景观绿化等方面仍需加大投入力度。

①道路交通

目前村庄主干道基本实现了硬化全覆盖，大部分次干道和支路仍为土路。移三路主要承担对外交通，连接柏社村和铜川照金方向，路面宽6米左右。三照公路沿村庄东侧而过，联结柏社村和其他村落，路面宽度约8米，两侧各设置约0.8米的人行道。村庄中部有一条东西向的主要干道，路面宽约10米，两侧设置2米左右的人行道，并安装有夜晚照明设施。村庄支路和巷道宽1～3米，未安装相应的照明设施（图7-27）。

图 7-27　柏社村道路系统现状分析图

②给排水设施

村庄安全饮水问题已得到初步解决，排水设施较为滞后，缺乏必要的污水收集和处理设施。大部分道路两侧并未设置相应的排水沟渠，家庭污水直接排向路面。下雨期间路面较为泥泞，出行条件不方便。据了解，村庄拟建设9个排涝池，一方面考虑风水原因，一方面可积蓄雨水，用于景观绿化灌溉等。

③环卫设施

村庄生活垃圾随处可见，尤其在沟渠、洼地、路边等角落地段。部分住宅门口或巷道两侧堆放着树枝或垃圾堆，废弃地坑窑则成为垃圾倾倒的典型目标，落叶、塑料袋、玻璃瓶等生活垃圾随意乱扔。村庄内道路两侧未放置垃圾箱或垃圾桶等收集设备，垃圾收集点定期清运。垃圾处理主要以简单填埋为主，由村集体运至东沟填埋，对生态环境影响较大。厕所均为传统的旱厕，环境卫生有待提高。

④节能设施

村庄主要的能源类型为木柴和电，冬天取暖多采用煤炭，缺少太阳能和沼气等清洁能源，对大气的污染较大。

⑤其他设施

村庄配套有村委会、村民活动广场、文化站、卫生室等基本公共服务设施，没有小学、幼儿园等，同时商业街建设有商店、餐饮、超市等经营设施。电力通信设施基本满足村民日常生活需求，部分巷道缺少夜间照明设施。

3）人文环境

柏社村拥有悠久的历史，初建于晋代，距今已有1600多年的历史。晋代居民集聚在"老堡子沟"，前秦时期又逐步迁至"胡同古道"。南北朝期间在此建城郭，现残存于村东北部。隋朝在古城郭西南800米的地方另建新城，今称南堡西城。唐代兴建南堡东城，建立起规模宏大的佛教建筑"寿峰寺"，于新中国成立初期被拆毁。民国时期城堡以外的地方建立了大规模的房舍，新中国成立后当地建设了众多地坑窑。因此，柏社村享有"天下地窑第一村"和"中国生土建筑博物馆"的美称，文化价值甚高。除了璀璨的建筑遗产外，柏社村还具有特色鲜明的地域风俗文化，如社火、剪纸、面花、纸扎等（图7-28）。

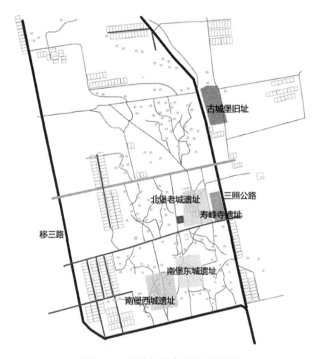

图7-28 柏社村历史遗址分布图

7.4.2 主要问题剖析

1）传统建筑遭到破坏，遗产保护力度不够

目前，如何平衡遗产保护和居民生活方式改变之间的关系是柏社村人居环境建设的重要内容。随着生活水平和行为方式的改变，大多数村民搬离地坑窑，在村庄空地或宅基地建设新房，导致出现大量废弃地坑窑。在调研访谈中了解到，部分村民在搬入新房之后,将原来的窑洞重新填土,修整为平地,地坑窑面临消失的危险。部分废弃地坑窑年久失修,杂草丛生,存在结构坍塌的风险,有些甚至沦为生活垃圾的倾倒地(图7-29)。自2013年以来,柏社村逐步开展地坑窑修复工作,并合理利用地坑窑开设特色农家乐,促进传统建筑的功能活化。但是受资金、技术、理念等各因素的制约,柏社村传统地坑窑建筑群的保护力度仍有待加强。

a 地坑窑年久失修

b 地坑窑杂草丛生

图7-29 柏社村废弃地坑窑的实景图

2)村庄整体风貌不统一,新旧区差异较大

正如上文所述,柏社村形成了以地坑窑建筑群为主的传统风貌区和以后期民居建筑为主的现代风貌区,两大分区的形态特征差异较大,尤其体现在建筑形态、巷道组织、绿化景观等方面。现代民居一般采用砖混结构,铺设水泥路或者瓷砖,色彩以白色或红色为主,绿化以行道树为主,绿化覆盖率明显低于传统风貌区,与"见树不见村"的景象形成鲜明对比。受村庄建设用地和宅基地控制政策的影响,新建房屋多采用见缝插针的布局方式,导致两大类型分区不明确,彼此交叉。总的来说,村庄整体风貌协调性欠佳,建设活动对传统风貌带来了较大的冲击。

3)公共设施配套滞后,人居环境质量欠佳

公共服务设施和基础设施的完善度是村庄人居环境的重要体现,通过实际调研和入户访谈发现,柏社村设施配套相对滞后,村民对污水排放、垃圾处理、休闲活动、健身器材、卫生厕所等设施条件持不满意态度(图7-30)。部分村民认为当前村庄道路硬化尚不完善,缺少停车场,随着历史文化旅游人数的增多,停车难问题将制约村庄经济的发展。有些村民反映健身器材和文化活动较少,不能满足村民的实际需求，同时也不利于吸引游客前来观光。

a 废弃地坑窑成为垃圾丢弃地　　　　　　　b 路边或墙角堆放木柴等杂物

图7-30　柏社村环境卫生状况实景图

7.4.3　人居环境提升

1）整体格局控制

为保护柏社村丰富的历史遗产，传承地坑窑建筑文化，延续村庄空间脉络，本研究按照"分区指引、合理利用"的思路，将村庄分为历史遗产保护区、传统风貌展示区和居民现代生活区三大板块。其中历史遗产保护区主要涉及老堡子遗址、寿峰寺遗址、南堡西城遗址、南堡东城遗址、娘娘庙等，对于已遭到损毁或消失的遗产，可根据历史文献记载进行实地复原或模型沙盘复原，生动展示村庄的历史发展脉络。对于现存的遗产，严格按照相关政策文件划定保护区范围，并对其进行整修和加固，禁止任何破坏性建设活动。传统风貌展示区为村庄核心片区，以地坑窑建筑群为主要对象，对废弃窑洞进行整理和修复，对较为完整的地坑窑进行功能活化和合理利用，传承传统建造工艺。居民现代生活区应满足村民日常生活需求，完善"硬化、亮化、美化、绿化"工程，配套商店、文化站、小游园、活动广场等公共设施。总的来说，注意三大片区的协调统一，增强建筑立面、建筑色彩、建筑高度、巷道绿化等风貌营造（图7-31）。

2）房屋建筑改造

（1）房屋改造

根据实际调查情况，柏社村房屋建筑可分为地坑窑（使用中）、可修复的废弃地坑窑、不可修复的地坑窑、现代化民居和土房危房五大类。为延续柏社村的传统

图 7-31　柏社村风貌控制分区图

风貌，需对原有地坑窑建筑群进行保留和维护。针对使用中的地坑窑，保留现有建筑，并完善庭院绿化等。针对可修复的废弃地坑窑，对院落空间进行清理，采用传统工艺和建筑材料对窑洞结构和外形进行修复，满足村民的日常使用。针对不可修复的地坑窑，原则上可原址保留或更新重建，确保窑洞的建筑形式、空间布局、结构特征、空间体量、建筑材料、建筑比例等风格一致。针对后期新建的房屋，应在不影响住户基本使用需求的前提下，尽量保持风貌与传统风格协调统一。由于地坑窑洞建筑具有独特的建造技法，建筑色彩和形制相对统一。因此，后文所指房屋改造主要针对村民后期地面建造的现代化民居和土房危房，重点对其建筑立面、建筑色彩、院落空间等进行阐述。

（2）建筑立面

对与村庄环境及整体规划冲突不大的建筑，采取保留措施，维持现状。对于建筑质量尚好，但建筑风貌和外观与村庄环境不协调的建筑采用外立面改造的方法，进行墙面清洁和粉刷，原则上不进行大范围调整。对建筑质量较差及对风貌有较大负面影响的土房或危房建筑予以改建或拆除，就地重建、异地重建或进行必要的结构改造以增加建筑的安全性,保障居民的居住安全。原则上建筑立面统一采用砖砌墙形式,对现有水泥墙面进行清洗,必要时进行重新粉刷。部分地段可在墙面绘制精美的艺术画,绘画内容可阐述或弘扬地坑窑历史,也可宣传彰显地域风俗文化。

(3)高度、色彩

建筑色彩应与村庄环境协调一致,以灰、土黄、白、红为主色调,与地坑窑及周边地貌景观相呼应。一般建筑高度控制在8米以下,屋檐可考虑统一漆成灰瓦色,墙面粉刷为白色或者土黄色。尽量使用本土材料、本土元素和本土植物,充分尊重村庄特色。

3)街巷空间整治

通过实地调研发现,柏社村部分次干道和支路尚未硬化,雨季道路泥泞,出行条件较为恶劣。同时村庄内部道路组织较为混乱,道路两侧时常堆放木柴等杂物,这种现象在地坑窑集聚旧区更为明显,严重影响街巷空间风貌。村庄内部道路未区分机动车道和人行道,村民的社会交往活动受到了影响。因此,本研究对主干道、次干道、巷道和对外交通等街巷空间进行调整,满足居民日常步行交往和未来村庄发展文化旅游的需求。

(1)对外交通

柏社村对外交通现有东侧的三照公路(约8米宽)和西侧的移三路(约6米宽),基本能满足机动车通行。从现实状况来看,对外交通的过境特征较明显,三照公路两侧临街面多为房屋围墙,缺少道路绿化,空间单一枯燥。为保持整体风貌的一致性,减少对外交通带来的空间割裂感,可对沿街围墙进行清理,绘制柏社村传统文化或地坑窑建造技艺的墙画等,增加空间趣味感。

(2)内部交通

①主干道

村庄主干道为一条东西向的商业街,现路面宽度约10米。两侧临街建筑多为村民的房屋,建筑高度多为一层或两层,颜色以白、红、灰为主。街道两侧电线杆、杂物、垃圾、农用机等常见,整体风貌杂乱。针对这种情况,一是对现有街道空间进行调整优化,按照临街建筑高度与道路宽度比为0.8,营造人性化的街道空间。在道路两侧增设绿化空间,栽植楸树或本土树木等以增加空间聚合感。二是对沿路建筑立面进行改造,对建筑高度、建筑颜色和建筑风格进行统一控制,增加建筑空间韵律感,增设地域文化元素,提高村庄地方感。

②次干道

一是调整优化次干道组织结构,连接主干道和巷道,形成"一横一纵"的整体骨架。次干道路面宽度控制在4.5米,主要承担村民日常步行需求,兼顾少量机动车通行需要。二是完善道路硬化工程,并注意避免对村庄历史脉络的影响。三是为保持村庄整体风貌的协调,利用道路两侧或者闲置空地布置线性和块形绿地,延续"见树不见村,进村不见房"的空间特征。

③巷道

目前,柏社村巷道分为两大类型。一是地坑窑遗址集聚区,巷道多为土质路面,线路组织自由无规则,无明显的道路边界。二是后建现代建筑区,巷道宽度不统一,部分未实现硬化,线路组织较为规则。针对这种情况,结合整体空间格局和房屋改造,一方面保持历史遗产保护区的巷道肌理,对窑顶地面进行硬化防水处理,材质采用土黄色室外铺砖,保持原有形态肌理并保护窑洞免受雨水侵蚀。另一方面是对居民现代生活区的巷道进行整治,路面宽度控制在2米左右,主要承担村民步行功能。

4)绿化景观营造

柏社村绿化环境良好,参天大树随处可见,点状和线状要素相对完善。目前村庄绿化环境存在的问题主要体现在面状绿化空间不足和景观要素缺失两大方面。针对这种情况,一是在尊重村庄现状绿化景观格局的基础上,利用村庄空地和闲置地建造休闲游园,打造多样化的绿化空间,为村民日常休闲游憩和社会交往提供场所。二是围绕村级活动广场、传统风貌展示区入口空间等关键节点,借助围栏、铺面、行道树等元素,打造尺度亲切、风格协调和形式简洁的景观空间。

5)设施配套完善

(1)排水系统

当前村庄大部分道路两侧未敷设排水沟渠,雨季严重影响村民出行,雨水渗漏对地坑窑的质量造成了一定影响。因此柏社村应高度重视村庄排水系统,采取雨污分流的方式,结合涝池对雨水进行回收和利用,将污水集中至化粪池或污水净化设备,经处理后排入沟渠。同时可结合污水排放系统,对村民户用厕所进行改造,建设卫生厕所。综合考虑村庄人口规模和乡村旅游客流量,规划排水主管管径DN300 mm,支管管径DN200 mm。

（2）环境卫生

一是在村庄主干道和次干道两侧按每100米的距离布置垃圾桶或垃圾箱，外观形态应尽量贴合乡村风貌。二是在村庄居民现代生活区边缘地带集中设置一处垃圾收集点，并定期组织垃圾清运工作，避免对生活环境的污染。三是对废弃地坑窑、门前后巷等垃圾堆积点进行清理，定期进行检查，杜绝垃圾随处倾倒的行为。四是垃圾清运过程中尽量采用镇集中处理的方式，避免垃圾私自填埋的行为，以减少对生态环境的影响。

（3）夜晚照明

一是在村庄道路一侧按照每50米的距离设置照明设施，针对历史文化保护区和传统风貌展示区，应注意照明设施的外观形态与村庄整体风貌的协调，避免出现造型独特或过于现代化的照明设备。二是在村级活动广场、绿化游园和重要景观节点处应设置多处照明设施，可根据场所功能布置观赏性的设施如景观灯、地灯等，灯光效果注意与周边绿化景观和色彩风貌相结合，满足村庄的各项使用功能。

第八章

贡献与展望

8.1 主要贡献

（1）提出了乡村建设综合绩效评估框架

目前，我国乡村建设绩效评估研究仍处于发展阶段，评估思路尚不成熟，评估框架尚不完善，存在轻视过程管理、忽视公众价值取向等不足。本书在反思现行绩效评估体系的基础上，基于公共价值导向，引入建构主义范式，结合事实准则和价值导向，提出了以过程事实一致性、建设实施效果和农民主体满意度为主的综合绩效评估框架，实现了乡村建设绩效评估公共价值属性的回归。同时采用问卷调查法、入户访谈法、多因子加权求和法、数据包络分析模型、指标对比法、空间统计分析法等，对关中地区乡村建设综合绩效进行评估。

（2）构建了乡村可持续发展的"地方模式+类型模式"体系

乡村可持续发展模式具有时空尺度特征，本书从中宏观和微观两大层面入手，分别提出了关中地区乡村可持续发展的地方模式和类型模式。其中地方模式着眼于不同乡村地域类型，充分考虑农村发展的阶段性、地域性和特殊性，以地域核心矛盾为着力点，构建可持续发展的地方模式。类型模式从村庄微观尺度入手，以村庄生产、生活、生态空间协调发展为目标，对不同村庄类型提出了具有针对性的发展模式。在实际应用中，模式并不是单一使用的，更多的是多样叠加使用。

（3）提出了"类型划分—问题审视—模式演绎"的模式建构方法。

当前乡村可持续发展模式类型丰富且视角多样，然而其实际指导效果欠佳。在这种背景下，本书提出了"类型划分—问题审视—模式演绎"的模式构建方法。创新性地将乡村建设绩效水平作为确定农村区域类型的主要依据之一，并将关中地区划分为南部秦岭北麓相对滞后区、中部渭河平原相对发达区和渭北黄土沟壑整体滞后区三大类型。在此基础上，紧扣类型化区域的关键问题和核心矛盾，归纳演绎关中地区乡村可持续发展的地方差异化模式，有效提高乡村可持续发展模式的指导性和实效性。

(4)提出了可持续发展导向下乡村规划的规范化技术体系

立足城乡规划学,以可持续发展理念为价值导向,提出了关中地区"纵向衔接、横向融合、过程控制"的三维农村规划体系。其中纵向层次体系侧重从空间尺度对农村规划类型进行区别,横向类型体系侧重从主次关系对同层次村庄规划类型进行梳理,阶段过程体系强调规划编制—实施等运行阶段的控制。从内容框架着手,提出在村庄规划中增加村庄农民行为特征和意愿调查、村庄整治和风貌营造等内容。针对规划方法,提出农村人口外流导向下的规模预测、美丽宜居导向下的空间利用方式、精明增长导向下公共服务设施的配置等规划方法。最后,为确保农村规划的有力推进,提出设立驻村规划师和村庄规划编制专项资金制度、搭建规划评估动态监测体系和农村空间数据共享平台,完善农村规划相关保障制度。

8.2 不足及展望

乡村地域较为广阔且可持续发展内涵宽泛,受时间、精力和数据获取等因素影响,本研究尚存在不足,有待进一步完善和提升。主要表现在以下方面:

(1)乡村建设绩效评估精度有待进一步增强

若可获得关中地区各区县新农村建设的资金投入明细和村级设施配建数量等详细数据,乡村建设绩效评估结果的精度将进一步提高。同时可对乡村建设绩效水平的时空演变特征进行深入分析,全面了解自2005年以来关中地区乡村建设的实施效果情况。

(2)乡村可持续发展的适宜模式有待进一步验证

在乡村可持续发展适宜模式构建时,本书从空间尺度入手,提出了"地方模式+类型模式"等多维模式体系。在地方模式构建时,采用"类型划分—问题审视—模式演绎"的方法,最大可能地提高了模式的适宜性。然而关中地区乡村类型多样,无法对每类乡村可持续发展模式进行逐一验证。

参考文献

[1] 张国.中国乡村可持续发展的方向及对策[J].生态经济.2001,(1):18-20.

[2] 张厚安.三个面向,理论务农:社会科学研究的反思性转换——华中师范大学中国农村问题研究中心20年回顾[J].华中师范大学学报.2001,40(1):11-15.

[3] 张小林.乡村概念辨析[J].地理学报.1998,53(4):365-371.

[4] 孙鑫.对当前我国农民概念内涵和农民群体划分的探讨[J].乡村经济问题.1995,(5):2.

[5] Cloke P.An index of rurality for England and Wales[J]. Regional Studies.1977, 11(4):31-46.

[6] 龙花楼,刘彦随,邹健.中国东部沿海地区乡村发展类型及其乡村性评价[J].地理学报.2009,64(4):426-434.

[7] 张荣天,张小林.基于县域尺度的江苏省乡村性评价及其空间分异研究[J].安徽农业科学.2012,40(8):4633-4636.

[8] 周华,王炳君.江苏省乡村性及乡村转型发展耦合关系研究[J].中国人口资源与环境.2013,23(9):48-55.

[9] 王学军,陈武.社会主义新农村建设过程评价的实证研究[J].中国人口·资源与环境.2009,19(1):13-19.

[10]《西安市建设社会主义新农村行动纲要(2006—2020)》.2006.

[11] 陈衍泰,陈国宏,李美娟.综合评价方法分类及研究进展[J].管理科学学报.2004,7(2):69-79.

[12] 赵阳,魏建.我国区域文化产业技术效率研究——基于随机前沿分析模型的视角[J].财经问题研究.2015,(1):30-36.

[13] 李静，程丹润.基于DEA-SBM模型的中国地区环境效率研究[J].合肥工业大学学报.2009，32（8）：1208-1211.

[14] 魏权龄.评价相对有效性的DEA方法[M].北京：中国人民大学出版社.1988.

[15] 魏权龄.评价相对有效性的数据包络分析模型——DEA和网络DEA[M].北京：中国人民大学出版社.2012.

[16] 张子龙，逯承鹏，陈兴鹏等.中国城市环境绩效及其影响因素分析：基于超效率DEA模型和面板回归分析[J].干旱区资源与环境.2015，29（6）：1-7.

[17] 黄德春，姚惠泽.中国三大经济区域全要素能源效率研究——基于超效率DEA模型和Malmquist指数[J].中国人口资源与环境.2011，21（11）：38-43.

[18] Subal C Kum bhakar, Knox L ovell C A.Stochastic Frontier Analysis [M]. Cam bridge University Press. 2000.

[19] 何枫，陈荣，何炼成.SFA模型及其在我国技术效率测算中的应用[J].系统工程理论与实践.2004，（5）：46-50.

[20] Tone K.A slacks-based measure of efficiency in data envelopment analysis[J]. European Journal of Operational Research. 2001, 130（3）：498-509.

[21] 杨兴柱，陆林，王群.农户参与旅游决策行为结构模型及应用[J].地理学报.2005，60（6）：928-940.

[22] 辛士波，陈妍，张宸.结构方程模型理论的应用研究成果综述[J].工业技术经济.2014，（5）：61-71.

[23] 王筱明，郑新奇.数据包络分析在城市土地利用评价中的应用[J].山东师范大学学报.2005，20（1）：48-51.

[24] 胡钟平.新农村建设资金绩效评估及对策研究[D].长沙：湖南农业大学.2012.

[25] 李鹏，张俊飚.农业生产废弃物循环利用绩效测度的实证研究——基于三阶段DEA模型的农户基质化管理[J].中国环境科学.2013，33（4）：754-761.

[26] 孙秀梅，张慧，王格.基于超效率SBM模型的区域碳排放效率研究——以山东省17个地级市为例[J].生态经济.2016，32（5）：68-72.

[27] 孙秀梅，张慧，綦振法.董会忠.我国东西地区的碳排放效率对比及科技减排路径研究——基于三阶段DEA和超效率SBM模型的分析[J].2016，（4）：74-79.

[28] 刘涛.河北省农业机械化效率评估：基于SBM超效率模型[J].江苏农业科学.2016,44（6）：423-426.

[29] 潘丹,应瑞瑶.中国农业生态效率评价方法与实证——基于非期望产出的SBM模型分析[J].生态学报.2013,33（12）：3837-3845.

[30] 陈宗富,马敏.基于数据包络分析方法的农业生产效率评价——来自西部欠发达地区170个苗族村的调查[J].生态经济.2016,32（1）：135-138.

[31] 陈卓,吴伟光,吴维聪,等.浙江省现代农业园区建设绩效评价及其影响因素分析——以蔬菜瓜果产业为例[J].中国农业资源与区划.2016,37（3）：169-175.

[32] 陆晓晖.土地整理和基本农田建设资金绩效影响因素分析[J].审计月刊.2011,（7）：7-9.

[33] 王奇峰,李欣桐,刘伊生.村镇建设标准实施绩效的影响因素研究[J].工程管理学报.2015,29（4）：72-77.

[34] 孙文基.财政促进社会主义新农村建设的思考[J].农业经济问题.2009,（9）：59-62.

[35] 王金玲,王榕英.浙江农村社会发展现状与可持续发展[J].浙江学刊.1998,（4）：56-60.

[36] Aliye Ahu Akgün, Tüzin Baycan, Peter Nijkamp.Rethinking on Sustainable Rural Development [J]. European Planning Studies. 2015,23（4）：678-692.

[37] 周文斌.现代化进程中的中国乡村可持续发展[D].北京：中国社会科学院.2001.

[38] 徐康,赵建宁,金晓斌等.农村土地整治社会可持续性评价初探[J].中国农学通报.2014,30（29）：108-114.

[39] 唐子来.从城乡规划到环境规划：可持续发展的规划思考[J].城市规划学刊.2000,（2）：75-76.

[40] 张京祥,申明锐,赵晨.乡村复兴：生产主义和后生产主义下的中国乡村转型[J].国际城市规划.2014,29（5）：1-7.

[41] Lowe P.Regulating the new rural spaces: the uneven development of land[J]. Journal of Rural Studies. 1993,9（3）：205-222.

[42] 颜泽贤,范冬萍.可持续发展的价值目标——人类的超越与境界[J].自然辩证法通讯.2000,22（6）：18-24.

[43] Goodman D.Agro-food Studies in the 'age of ecology': Nature, corporeality, bio-politics [J].Sociologia Ruralis. 1999, 39（1）: 17-38.

[44] http://oecdinsights.org/2016/03/31/a-new-paradigm-for-rural-development/

[45] Campbell S.Green cities, growing cities, just cities? Urban planning and the contradictions of sustainable development[J]. American Planning Association. 1996, 62: 296-312.

[46] 刘慧.我国农村发展地域差异及类型划分[J].地理学和国土研究.2002,18（11）: 71-75.

[47] 李敏琪.循环农业是我国农业可持续发展的必由之路[J].乡镇经济.2007（8）: 49-52.

[48] 周宣东.因村而异分类编制——徐州地区村庄规划编制实践[J].规划师.2015,31（11）: 77-82.

[49] 董越,华晨.基于经济、建设、生态平衡关系的乡村类型分类及发展策略[J].规划师.2017.33（1）: 128-133.

[50] 吴良镛.人居环境科学导论[M].北京: 中国建筑工业出版社.2001.

[51] 吴岩,杜立宇,高明,等.农业面源污染现状及其防治措施[J].农业环境与发展.2011,（1）: 64-67.

[52] 杨飞.县域乡村建设规划编制内容及重点的思考——以云南省玉溪市新平县县域乡村建设规划为例[J].小城镇建设.2016,（6）: 40-45.

[53] 赵毅,段威.县域乡村建设总体规划编制方法研究——以河北省安新县域乡村建设总体规划为例[J].规划师.2016,32（1）: 112-118.

[54] 梅耀林,汪晓春,王婧,等.乡村规划的实践与展望[J].小城镇建设.2014,（11）: 48-55.

[55] 陈爽.城乡统筹背景下重庆市新农村规划编制体系的构建研究[D].重庆大学,2011.

[56] 孙敏.城乡规划法实施背景下的乡村规划研究[J].江苏城市规划.2011,（5）: 42-45.